HAL LEONARD INCREÍBLE·BUSCADOR DE ACORDES

MÉTODO PARA TOCAR LA GUITARRA

SEGUNDA EDICIÓN

Guía fácil de usar con
más de 1100 acordes para guitarra

ISBN 978-1-4584-1809-8

HAL·LEONARD®
CORPORATION
7777 W. BLUEMOUND RD. P.O. BOX 13819 MILWAUKEE, WI 53213

T0050707

Visite Hal Leonard en línea en
www.halleonard.com

LECTURA DE LOS NOMBRES DE LOS ACORDES

Símbolos de los acordes que se utilizan en este libro:	Nombres de los acordes:	Símbolos alternativos para los mismos acordes:
C	C mayor	C pura
C6	C sexta	
C7	C séptima	Cdom7
C9	C novena	
C11	C undécima	
C11+	C undécima sostenida	C9(#11)
C13	C decimotercera	
Cmaj7	C séptima mayor	CM7, C△7
Cmaj9	C novena mayor	CM9, C△9
Cmaj11	C undécima mayor	CM11, C△11
C7-5	C séptima, quinta bemol	C7($\flat$5)
C7-9	C séptima, novena bemol	C7($\flat$9)
C7-10	C séptima, décima bemol	C7(#9)
C7+5	C séptima aumentada	C7(#5)
C9+5	C novena aumentada	C9(#5)
$C7^{-9}_{+5}$	C séptima aumentada, novena bemol	$C7\binom{\flat9}{\#5}$
C6•9	C sexta, novena	C^6_9, $C^6/_9$
C dim.	C disminuida	C°
C+5	C aumentada	C aug., C(#5), C+
Csus4	C cuarta suspendida	C sus.
C7sus4	C séptima, cuarta suspendida	C7 sus.
Cm	C menor	C-, Cmin
Cm6	C sexta menor	C-6
Cm7	C séptima menor	C-7, Cmin7
Cm9	C novena menor	C-9
Cm7-5	C séptima menor, quinta bemol	Cm7($\flat$5)
Cm7-9	C séptima menor, novena bemol	Cm7($\flat$9)
Cm+7	C menor, séptima mayor	Cm(maj. 7)
Cm9+7	C novena menor, séptima mayor	Cm9(maj. 7)
Cm+5	C menor, quinta sostenida	Cm(#5)
Cm6•9	C sexta menor, novena	Cm^6_9, $Cm^6/_9$

DIAGRAMAS DE ACORDES PARA GUITARRA

El *Increíble buscador de acordes* brinda acceso inmediato a más de 1100 sonorizaciones de acordes. El diagrama superior de cada acorde es la sonorización más común y está seguido de dos alternativas.

CUERDAS
Las líneas verticales de cada diagrama representan las seis cuerdas de la guitarra y la primera cuerda (E alta) se encuentra a la derecha.

TRASTES
Los trastes se indican con líneas horizontales. Si deseas tocar una sonorización de acorde en una posición más alta, el número de traste se mostrará en la esquina superior izquierda del diagrama. Por ejemplo, el diagrama de la derecha muestra el número 4 en la esquina superior izquierda, lo que indica que el traste superior del diagrama se corresponde con el cuarto traste del diapasón.

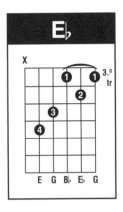

DEDOS DE LA MANO IZQUIERDA
Los dedos de la mano izquierda se enumeran del 1 al 4 a partir del dedo índice. Los círculos negros con números muestran de forma gráfica la digitación correcta de cada acorde.

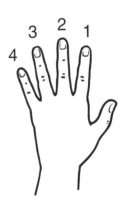

CUERDAS QUE NO SE TOCAN
Las cuerdas que no se tocan se indican con una cruz "X" en la parte superior del diagrama.

CUERDAS AL AIRE
Las cuerdas que no tienen un círculo negro ni una "X" se tocan al aire. (Por ejemplo: la 1.º y 3.º cuerda del acorde C se tocan al aire).

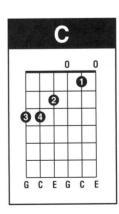

CEJILLA

La figura ⌒ indica que varias cuerdas se tocan "con cejilla" o se presionan de forma simultánea con el dedo indicado. El diagrama C7 de la derecha indica que con el primer dedo se tocan las seis cuerdas con cejilla detrás del tercer traste.

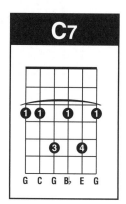

NOMBRE DE LAS NOTAS

Las letras que se encuentran en la parte inferior de cada cuerda le dan nombre a las notas individuales de ese acorde en particular.

CÓMO BUSCAR LA FUNDAMENTAL

El círculo negro sobre la cuerda marcado con una flecha muestra la nota fundamental del acorde. En los diagramas en los que no haya flechas, la fundamental se marcará con un círculo blanco.

DIAGRAMAS DE ACORDES PARA BAJO

Los bajistas también pueden utilizar el *Increíble buscador de acordes*. Si utilizas un diagrama para buscar una nota para bajo eléctrico, consulta las cuatro cuerdas inferiores en la parte sombreada del diagrama. Estas cuerdas inferiores son las mismas para las guitarras y los bajos eléctricos.

Por lo general, los bajistas no tocan acordes completos pero deben saber dónde se tocan los diferentes componentes del acorde (por ejemplo, fundamental, 3.º o 5.º). Puedes tocar cualquiera de las notas que permiten digitaciones en 6 cuerdas como notas de bajo según tu criterio.

Los números para la digitación que se encuentran en los círculos negros corresponden básicamente a una guitarra de 6 cuerdas y pueden cambiarse para mayor comodidad a la hora de tocar un bajo eléctrico.

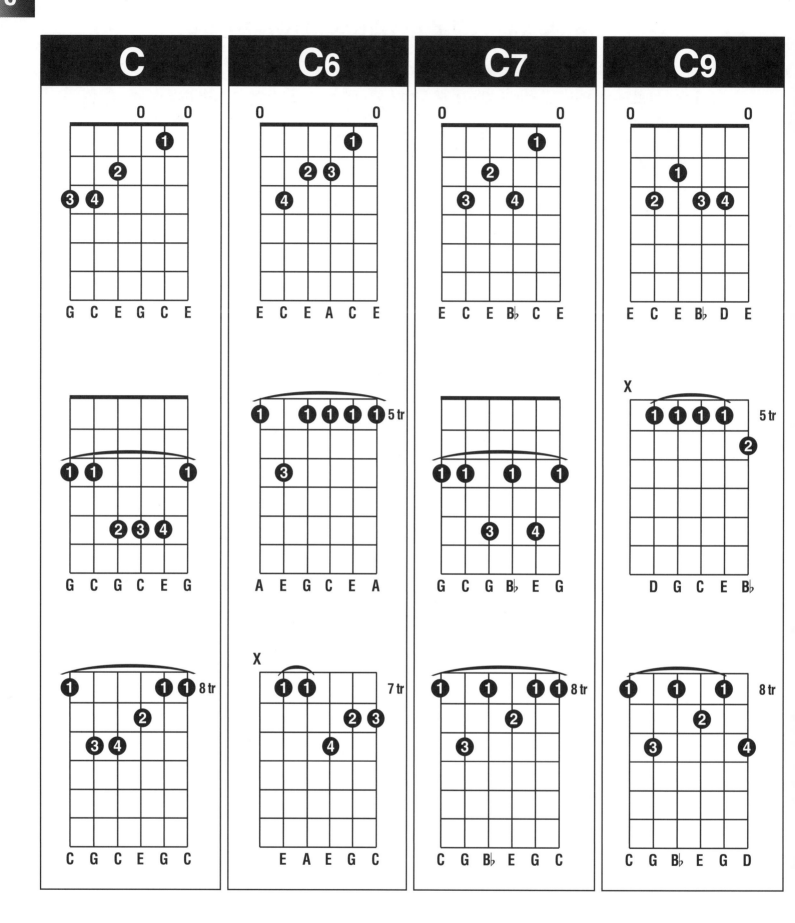

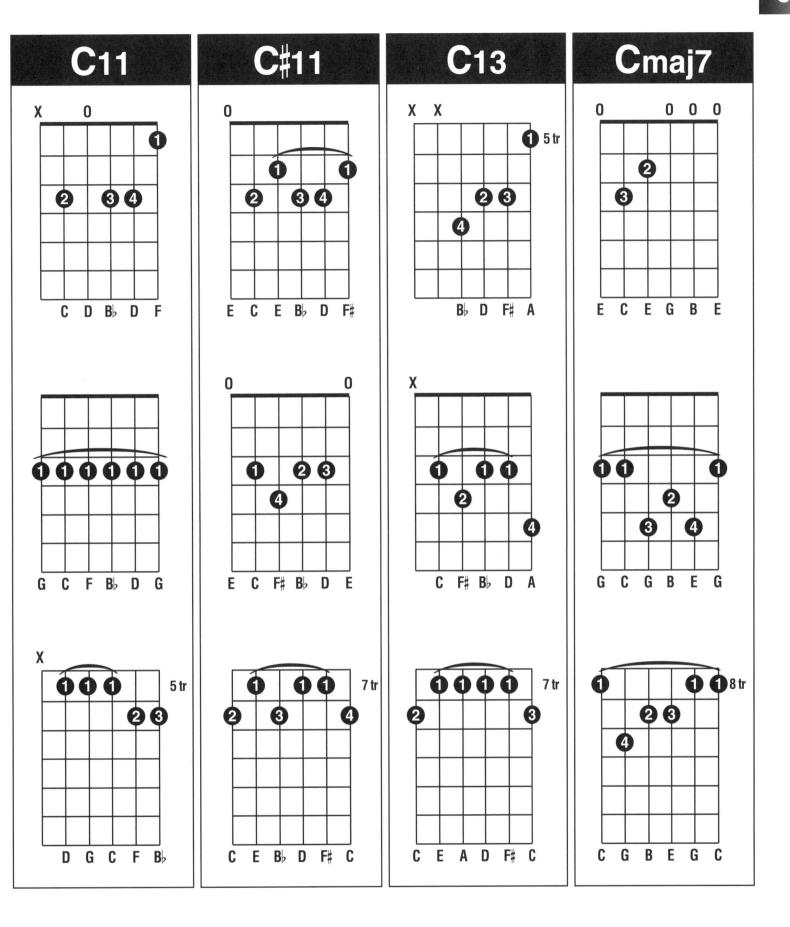

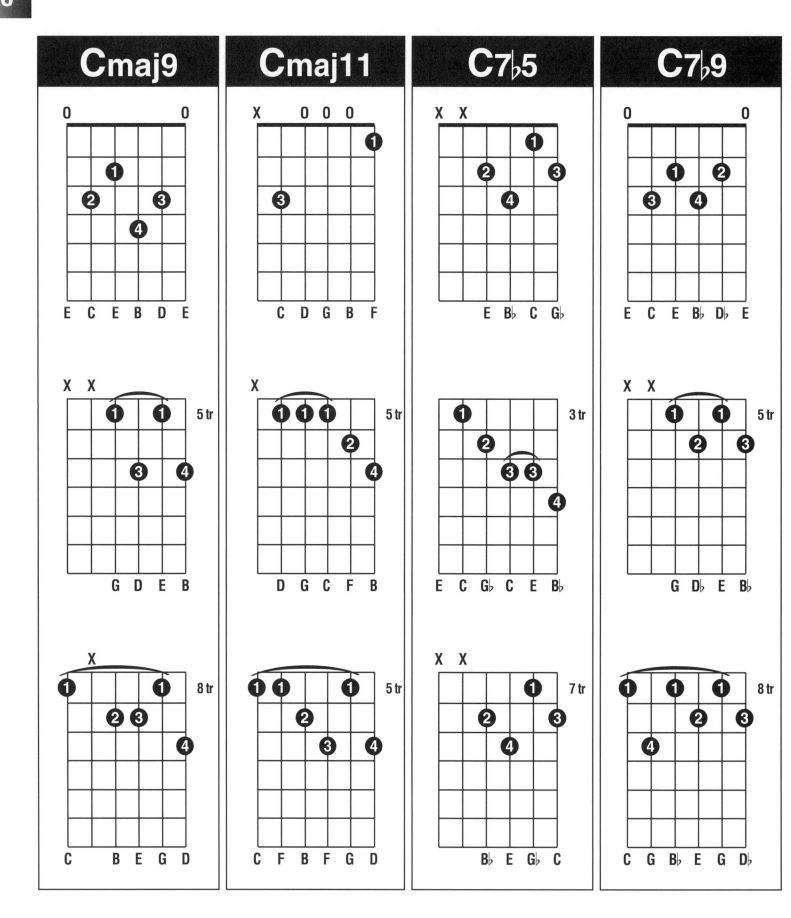

Cmaj9

0   0

E C E B D E

X X   5 tr

G D E B

X   8 tr

C B E G D

Cmaj11

X 0 0 0

C D G B F

X   5 tr

D G C F B

    5 tr

C F B F G D

C7♭5

X X

E B♭ C G♭

3 tr

E C G♭ C E B♭

X X   7 tr

B♭ E G♭ C

C7♭9

0   0

E C E B♭ D♭ E

X X   5 tr

G D♭ E B♭

    8 tr

C G B♭ E G D♭

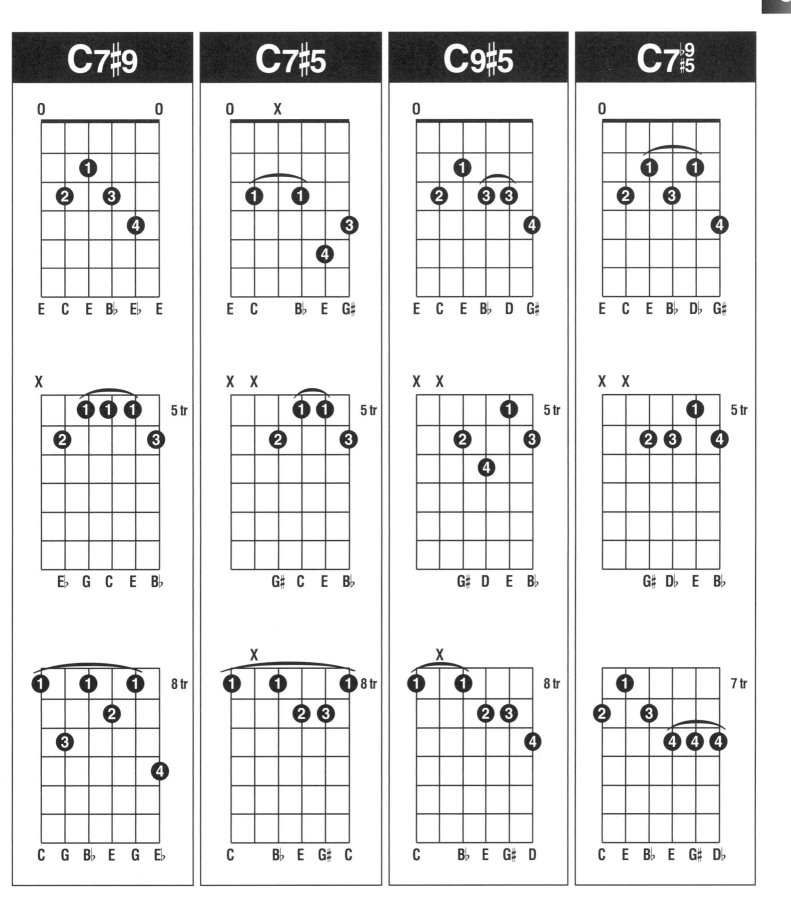

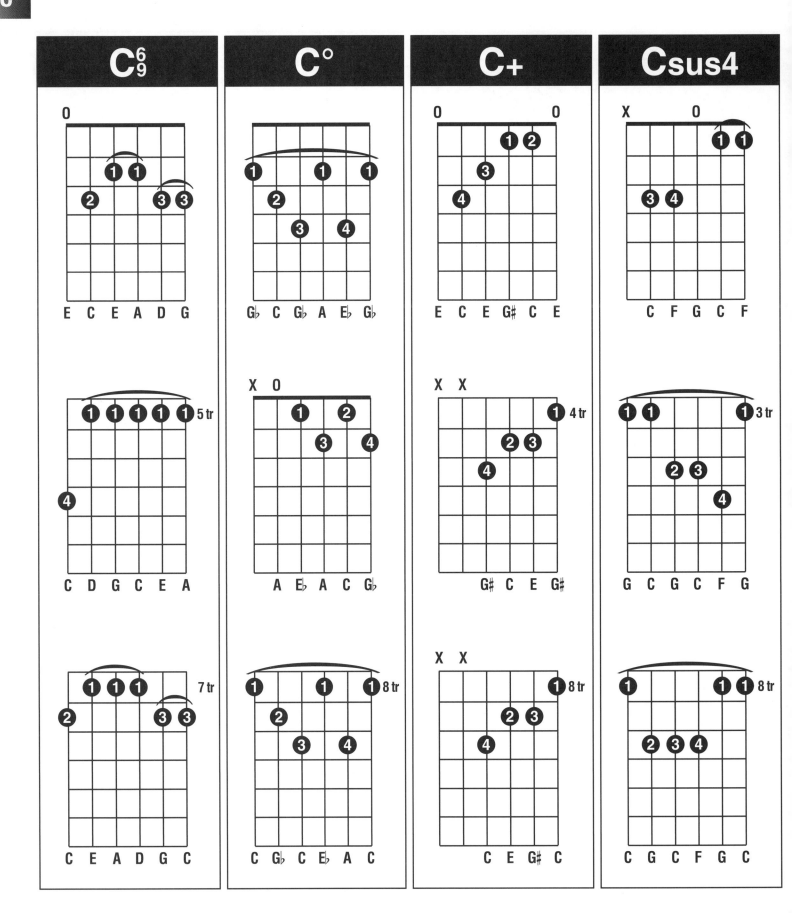

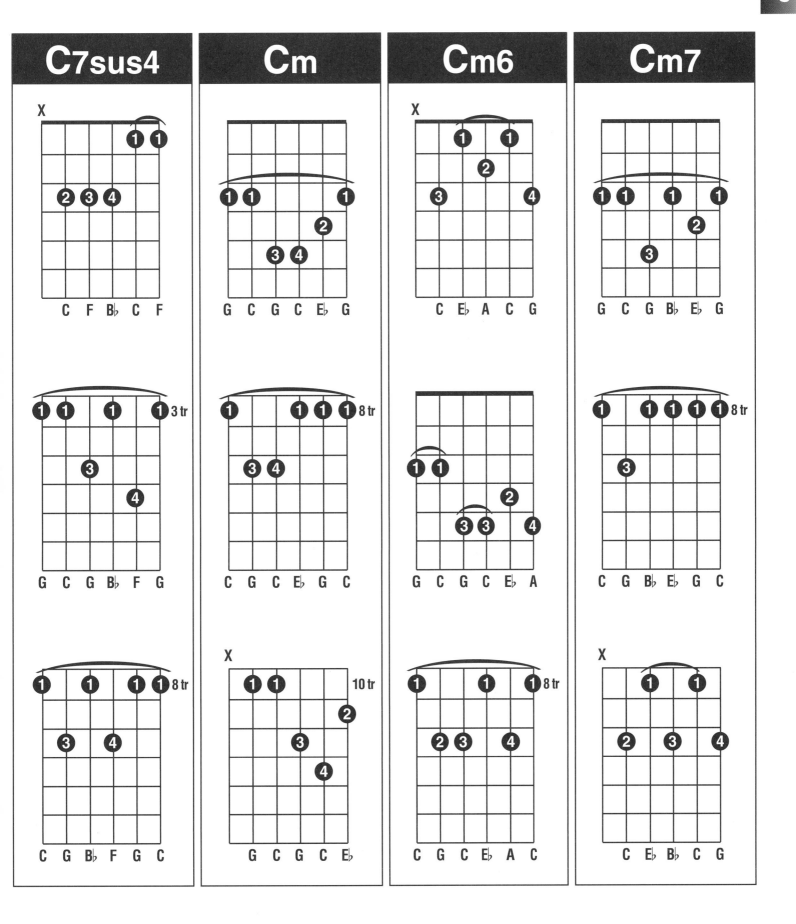

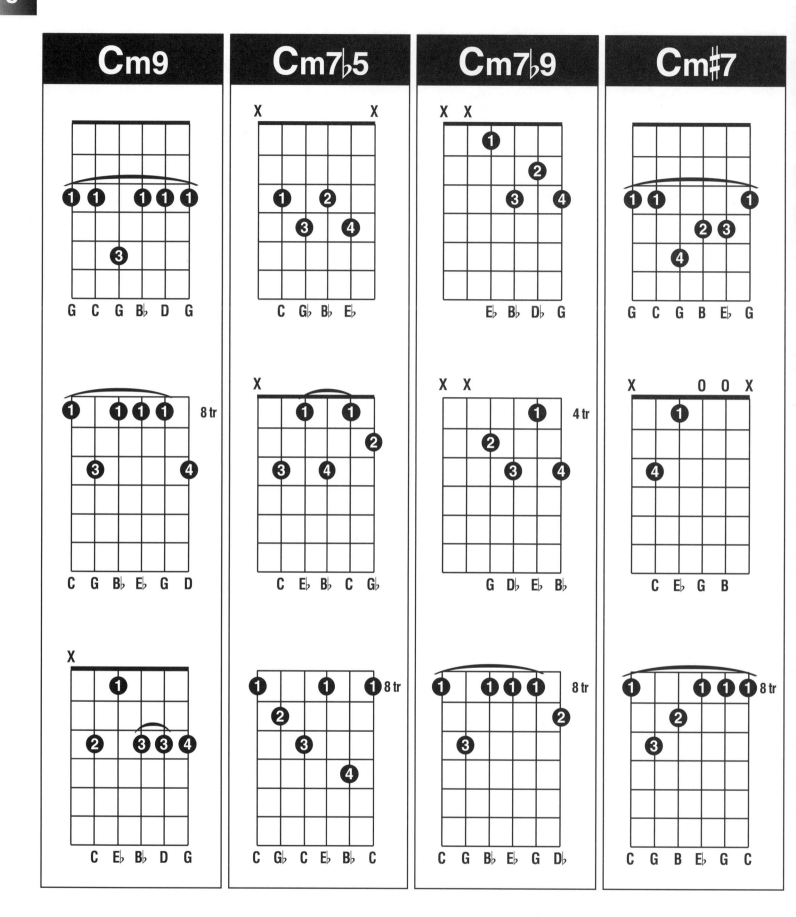

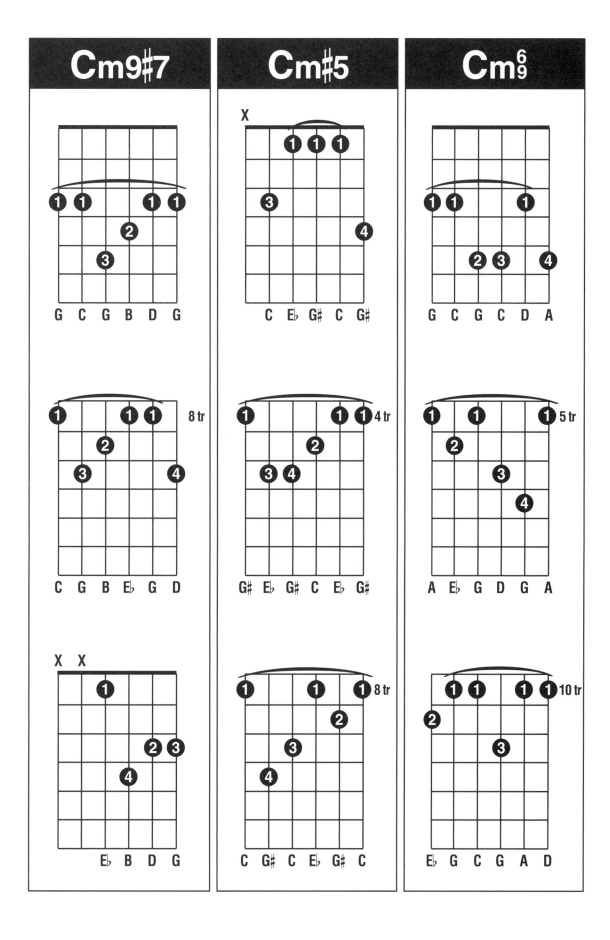

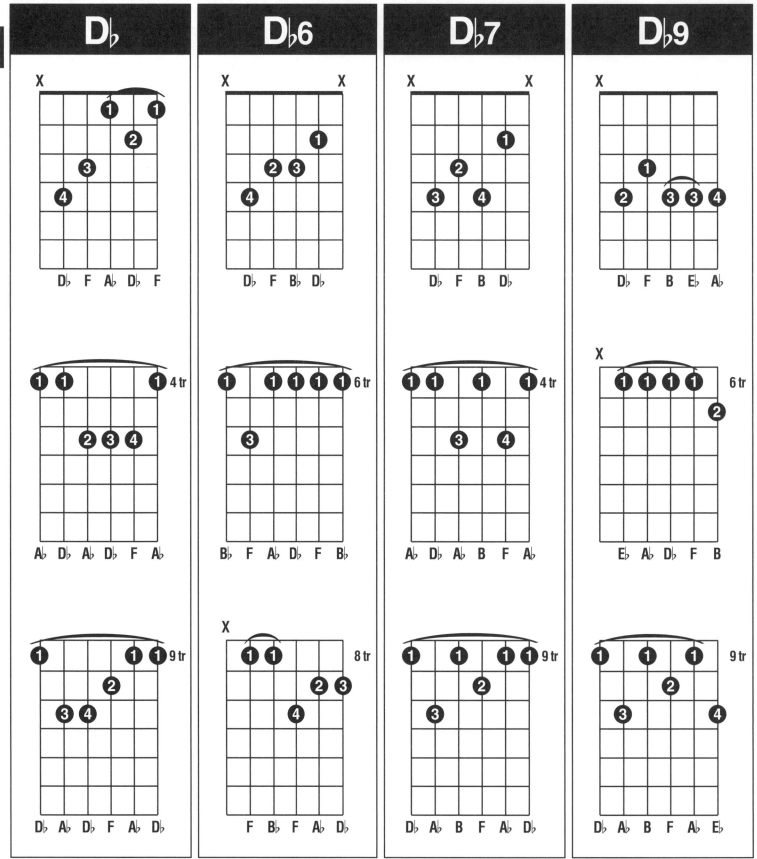

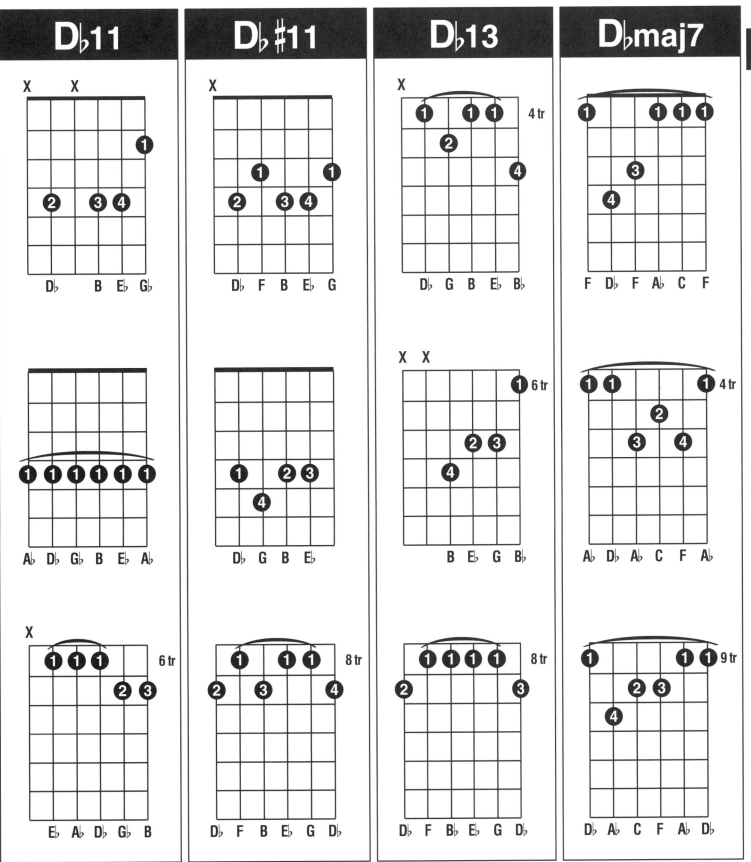

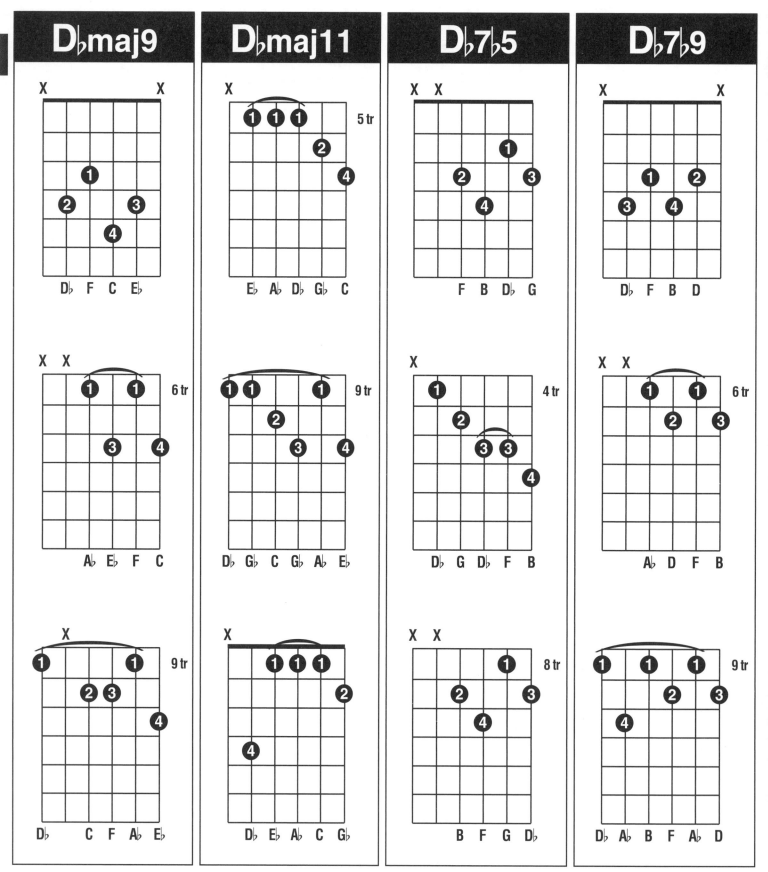

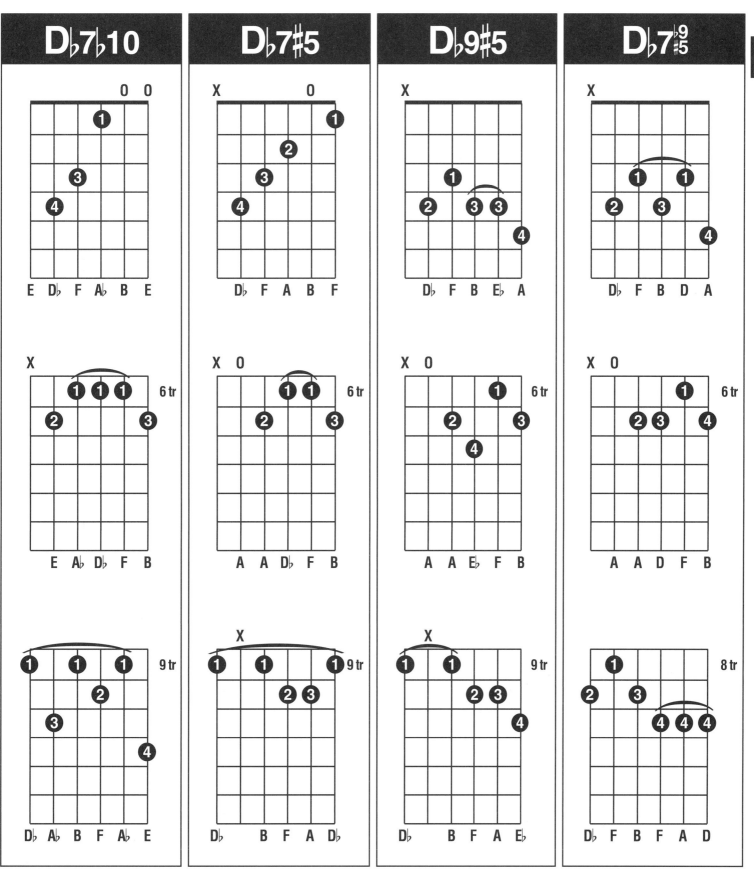

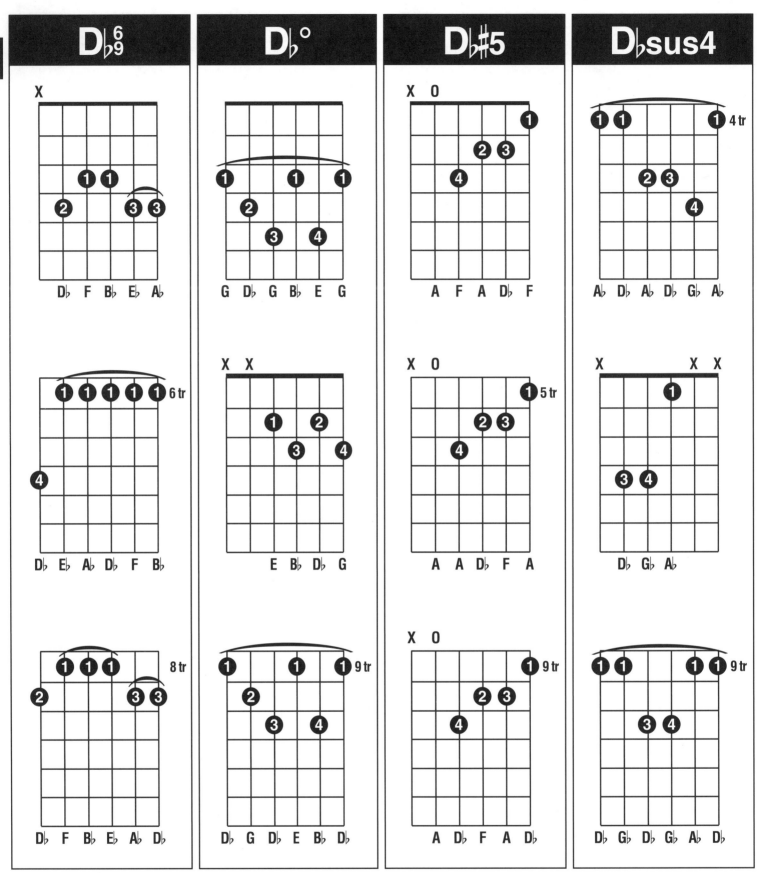

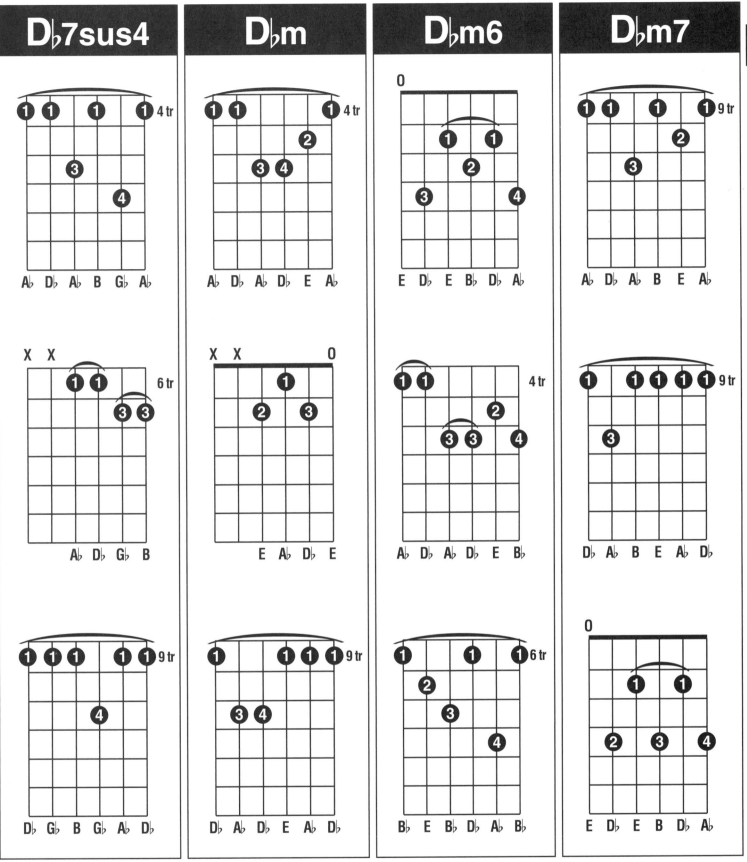

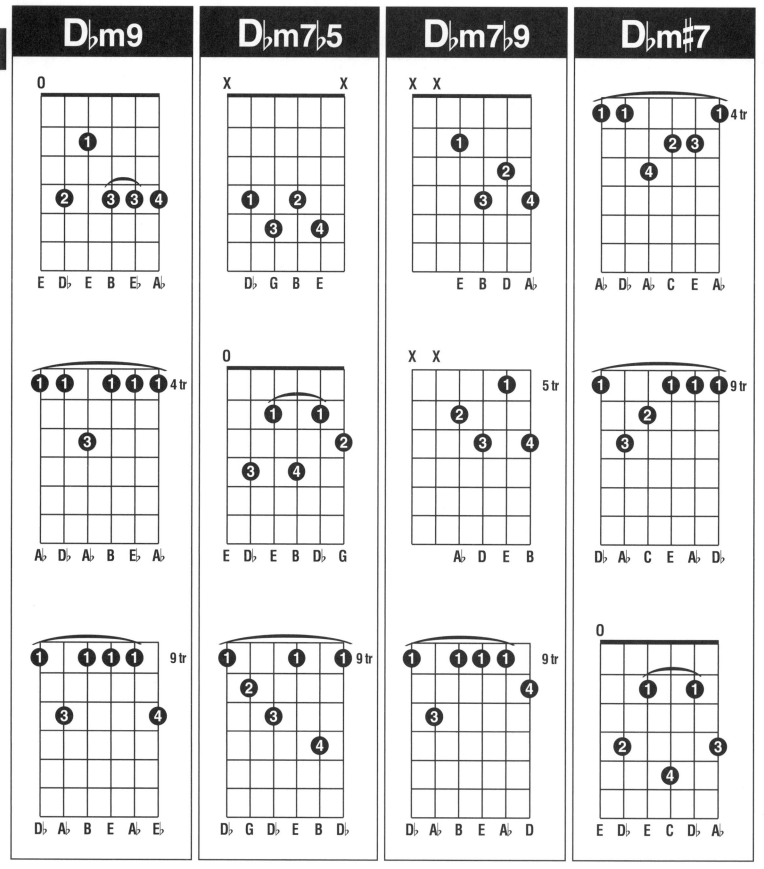

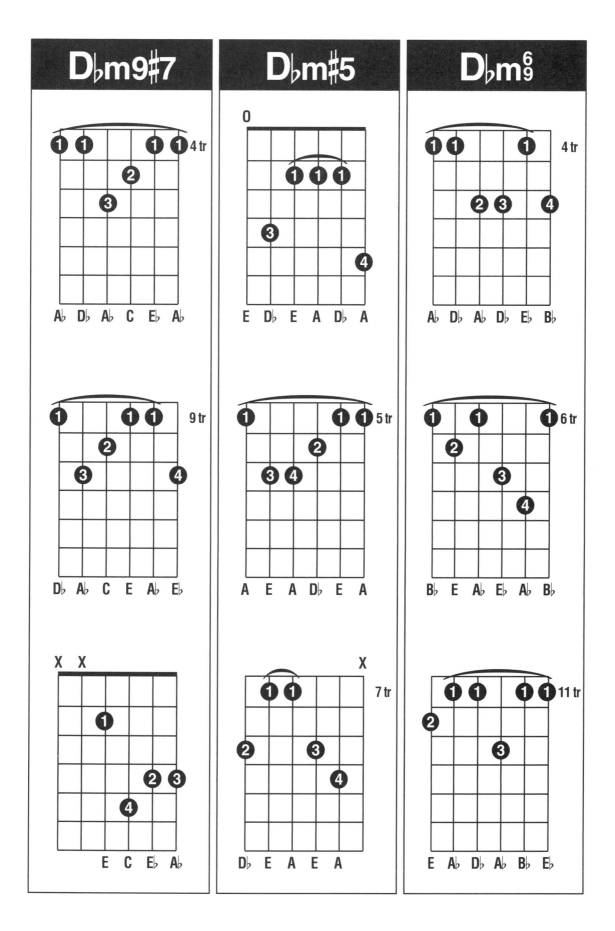

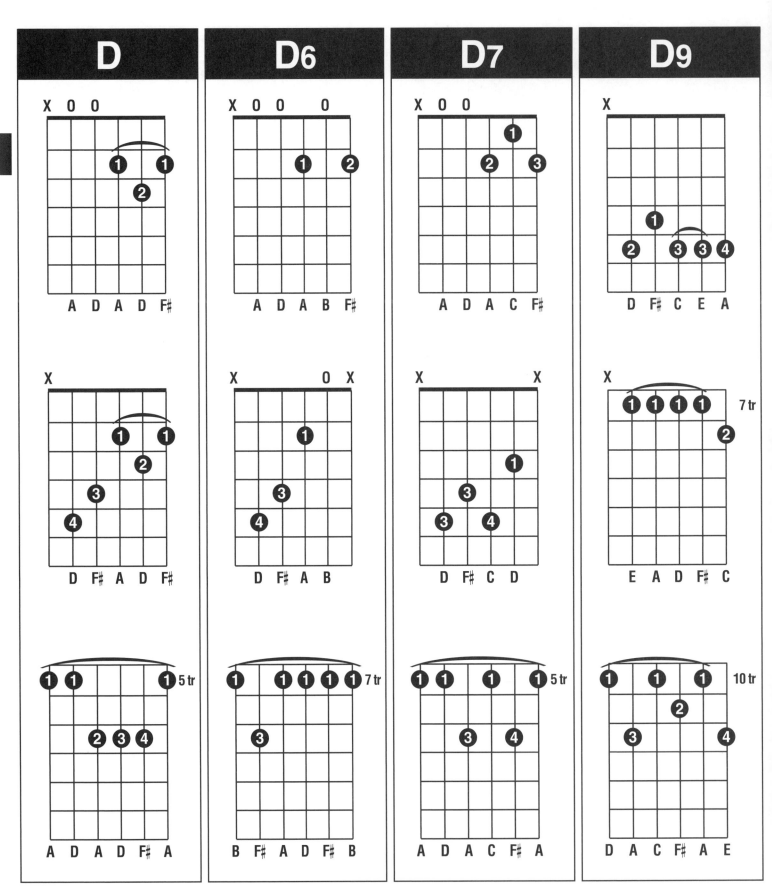

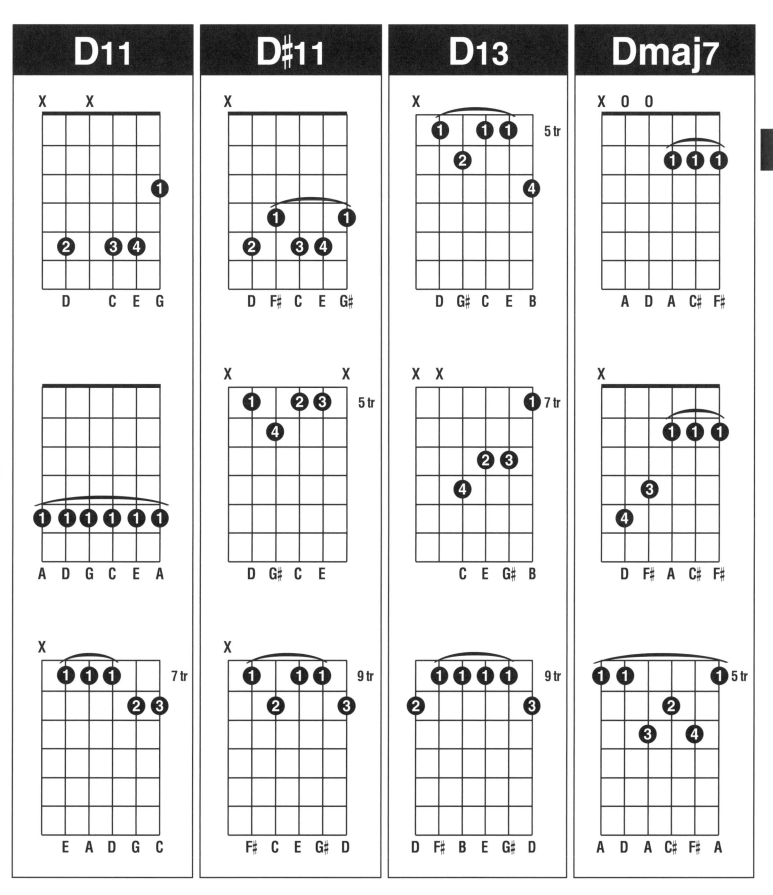

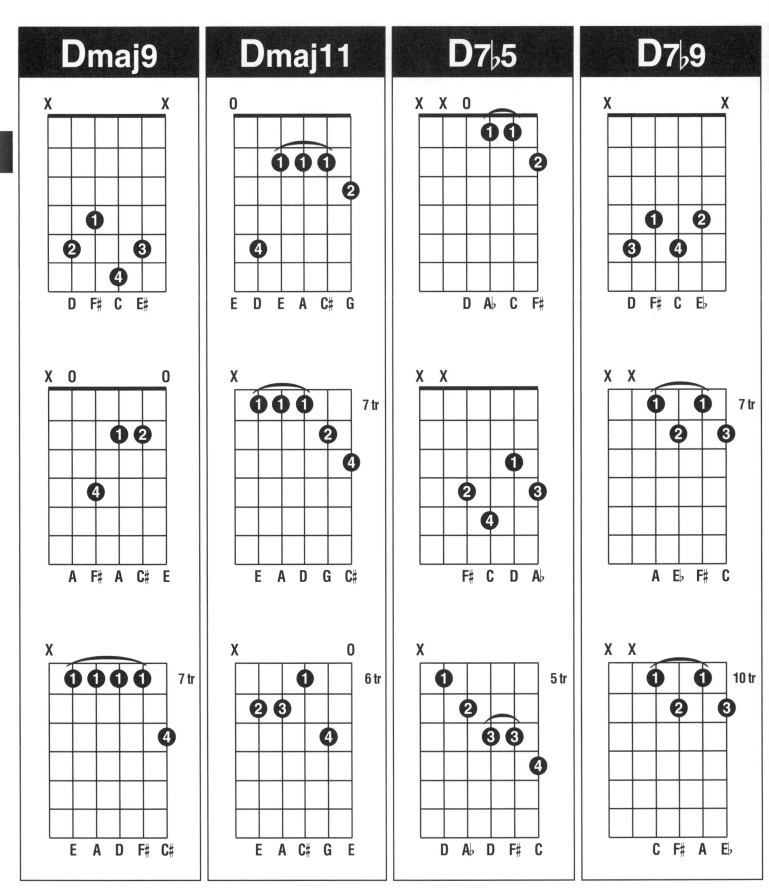

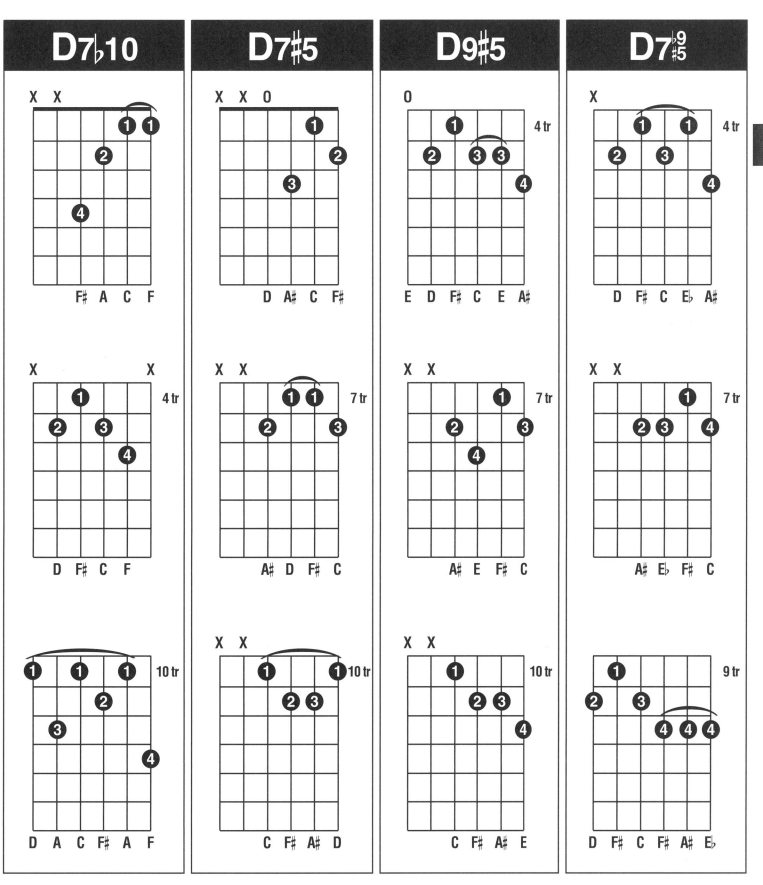

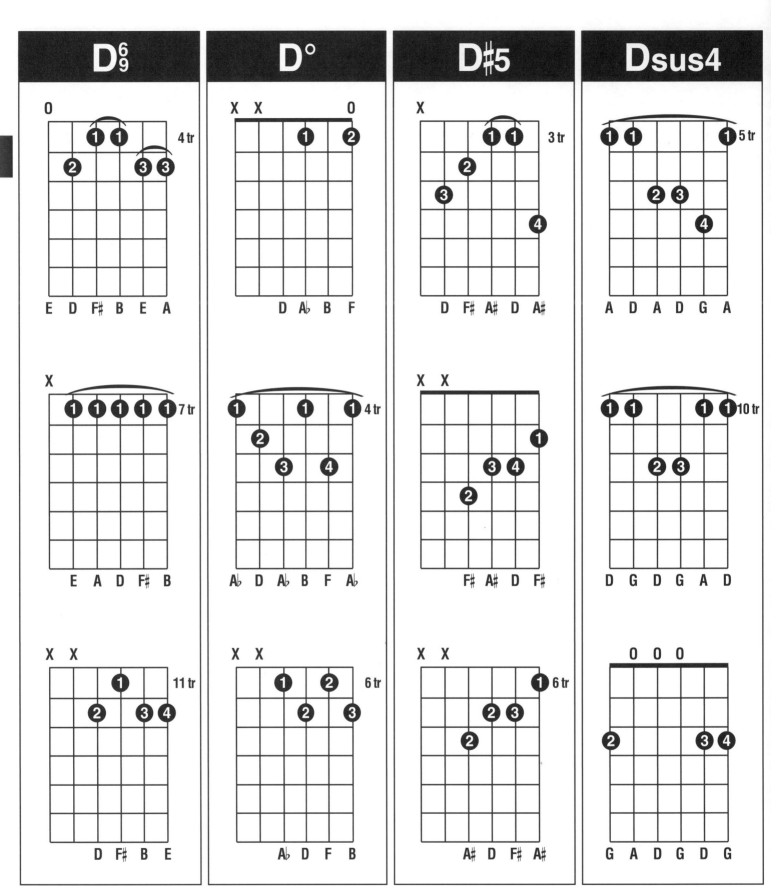

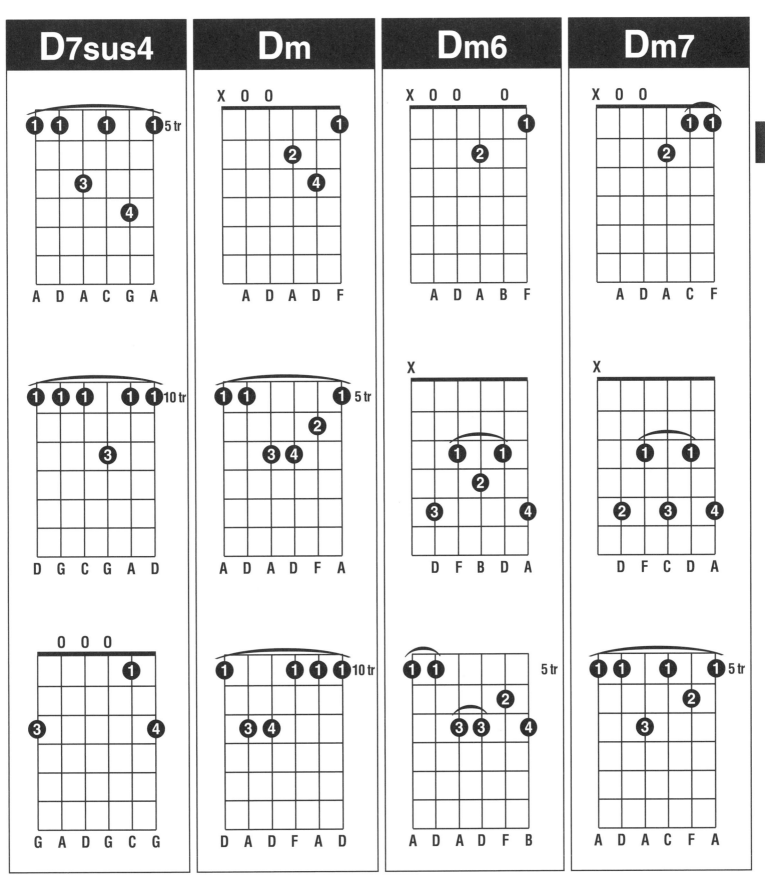

D7sus4 | **Dm** | **Dm6** | **Dm7**

D7sus4 (5 tr): A D A C G A
Dm: X 0 0 — A D A D F
Dm6: X 0 0 0 — A D A B F
Dm7: X 0 0 — A D A C F

D7sus4 (10 tr): D G C G A D
Dm (5 tr): A D A D F A
Dm6: X — D F B D A
Dm7: X — D F C D A

D7sus4 (0 0 0): G A D G C G
Dm (10 tr): D A D F A D
Dm6 (5 tr): A D A D F B
Dm7 (5 tr): A D A C F A

D

27

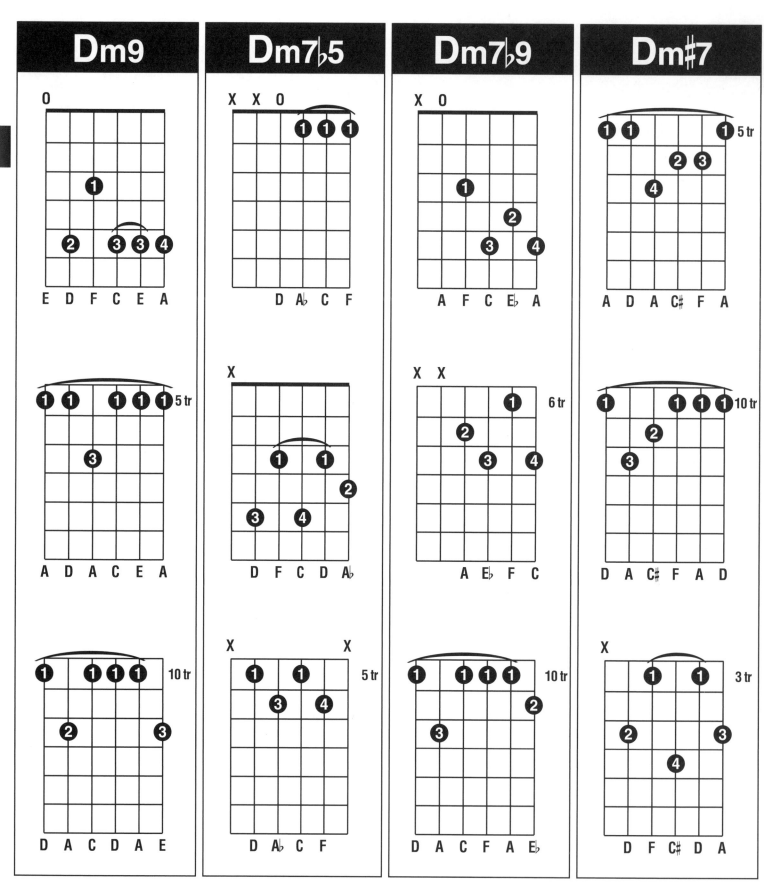

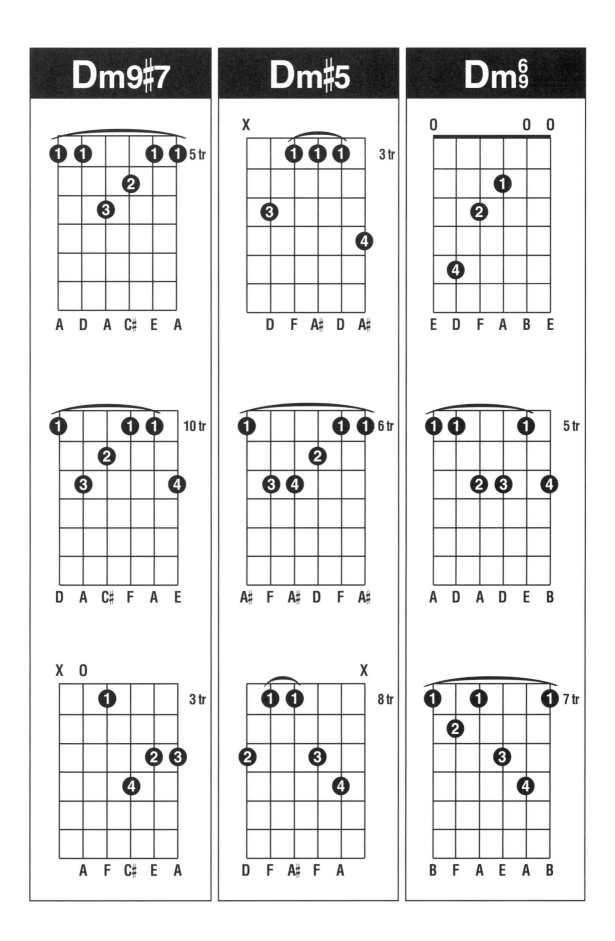

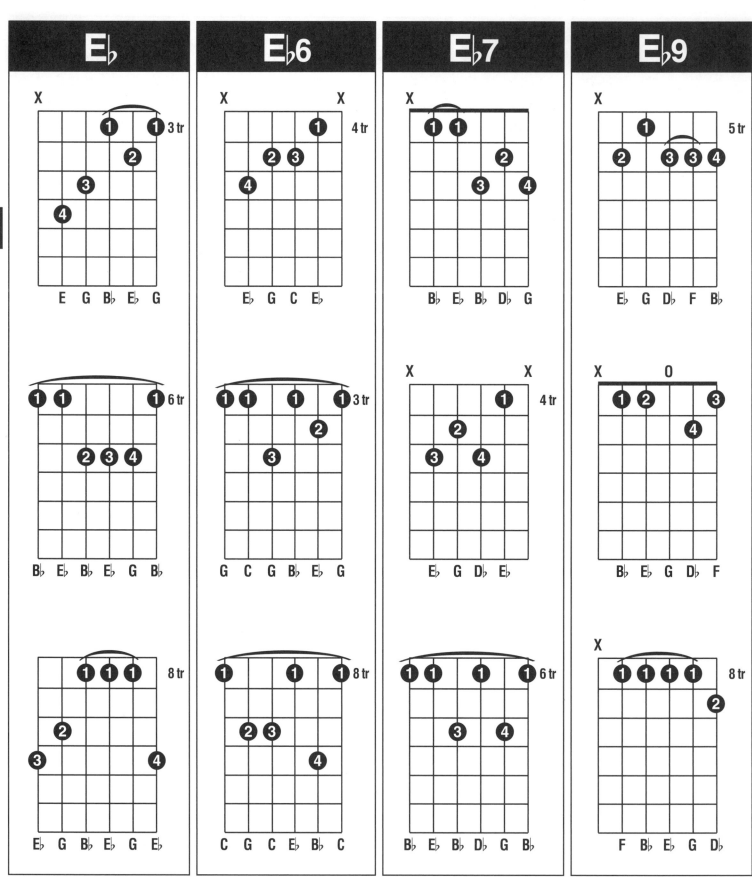

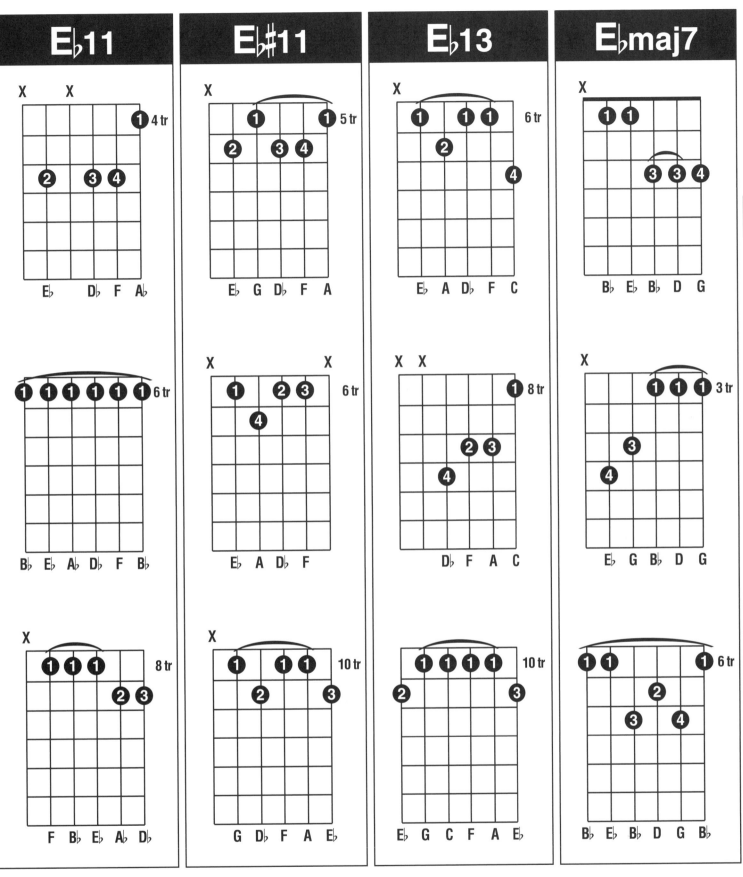

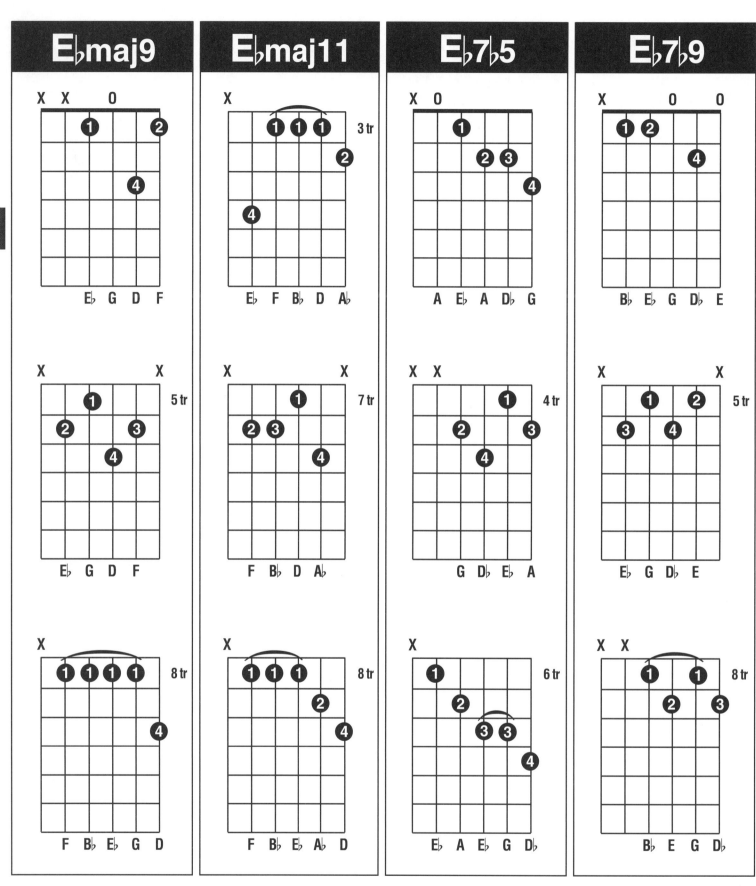

Ebmaj9   Ebmaj11   Eb7b5   Eb7b9

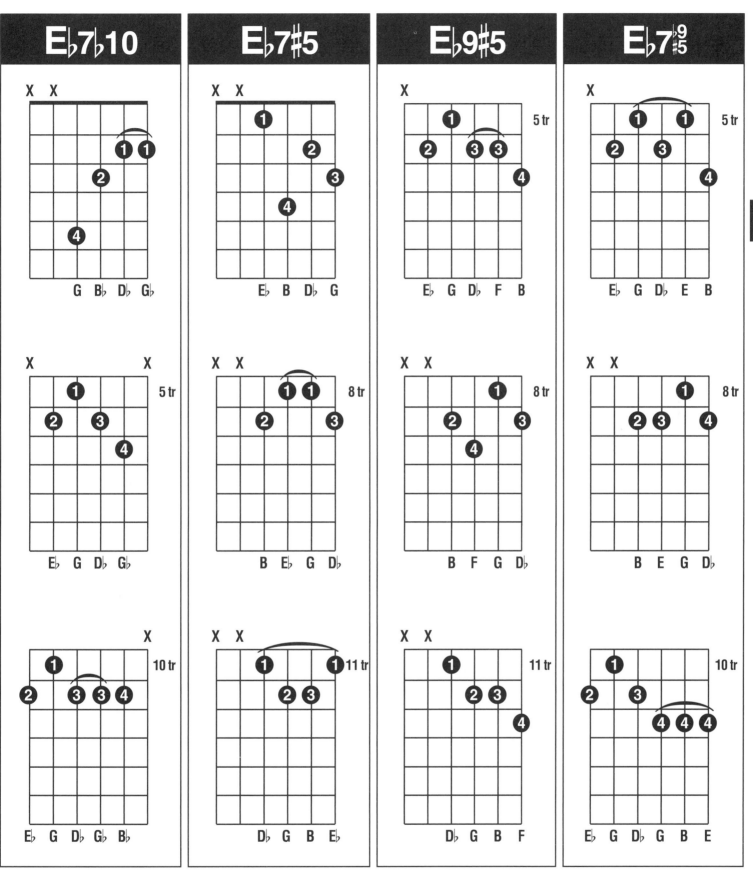

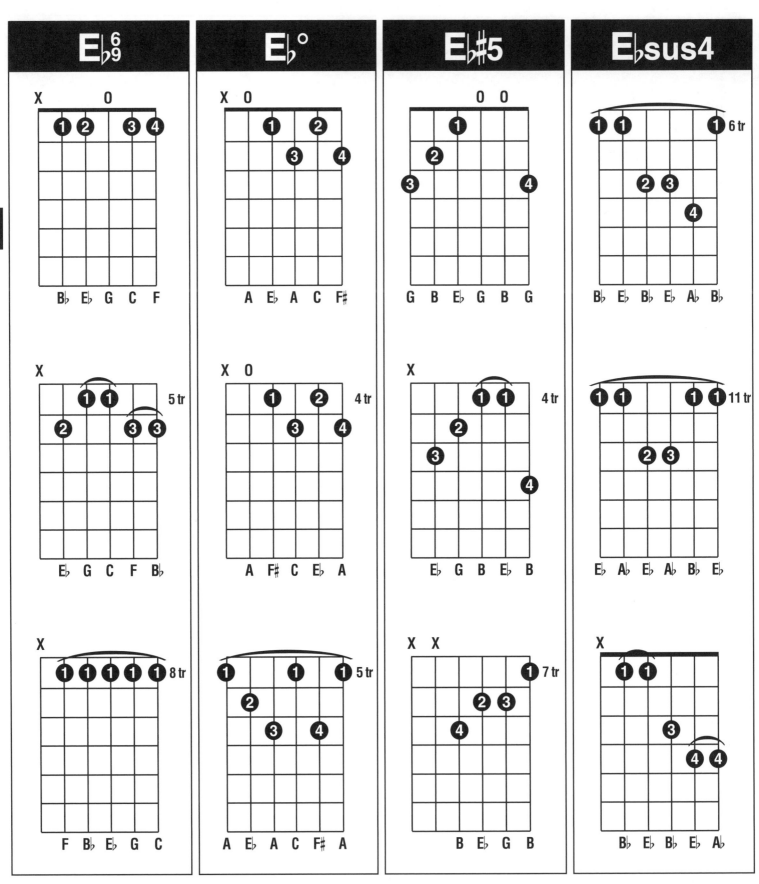

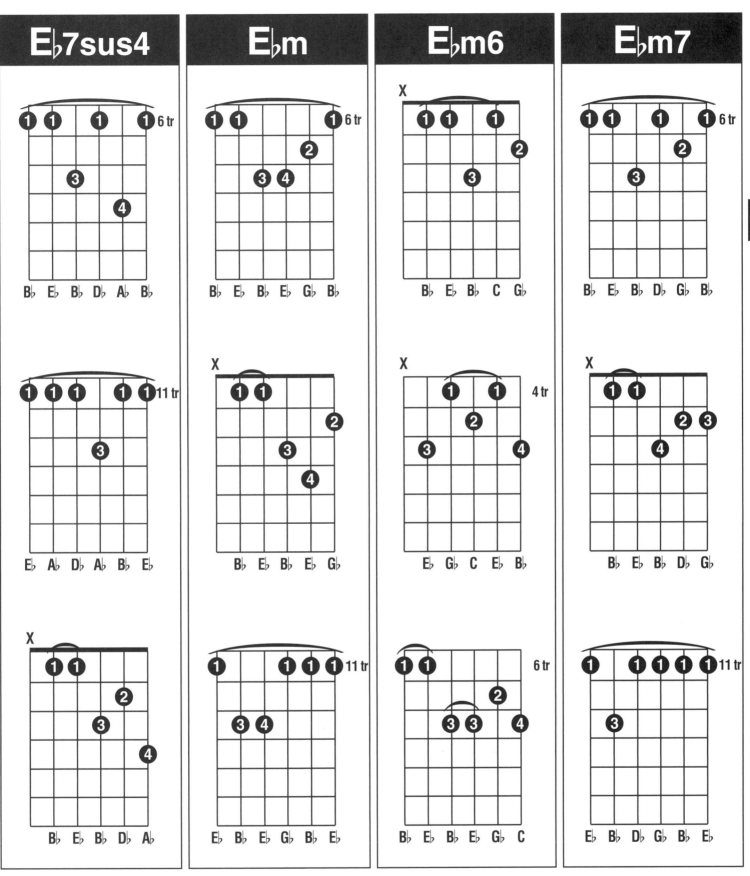

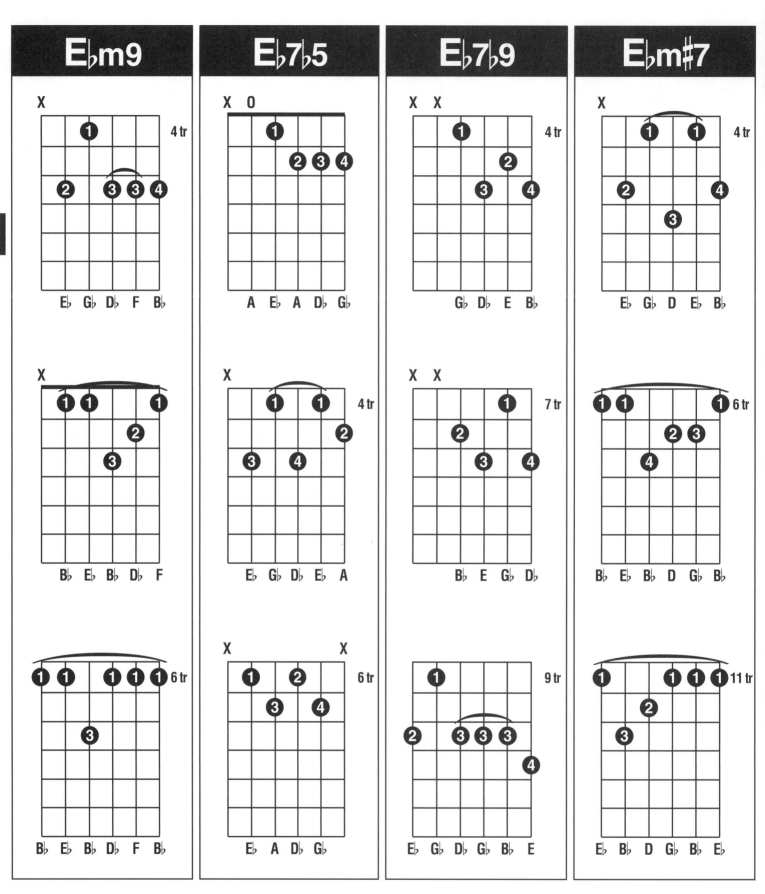

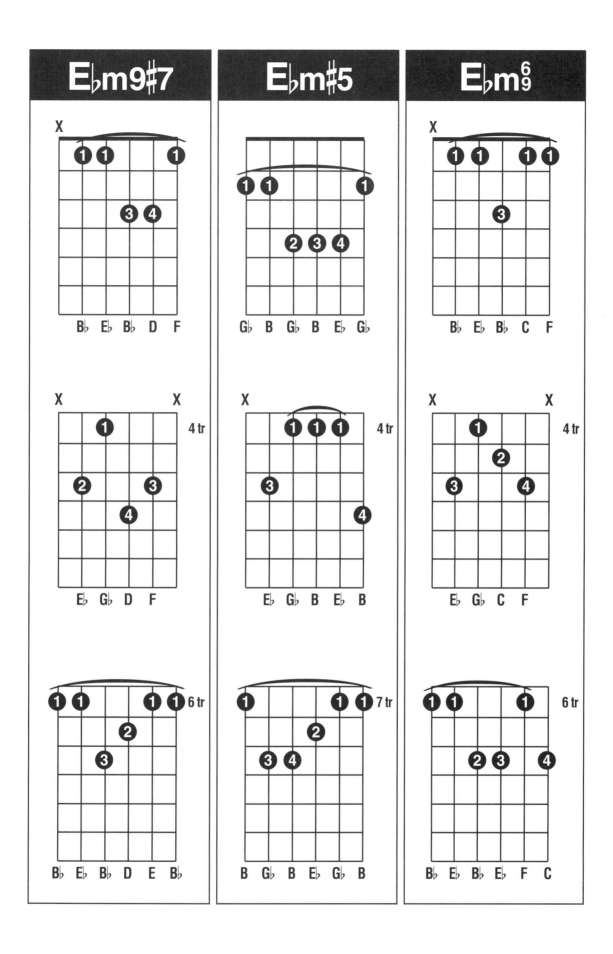

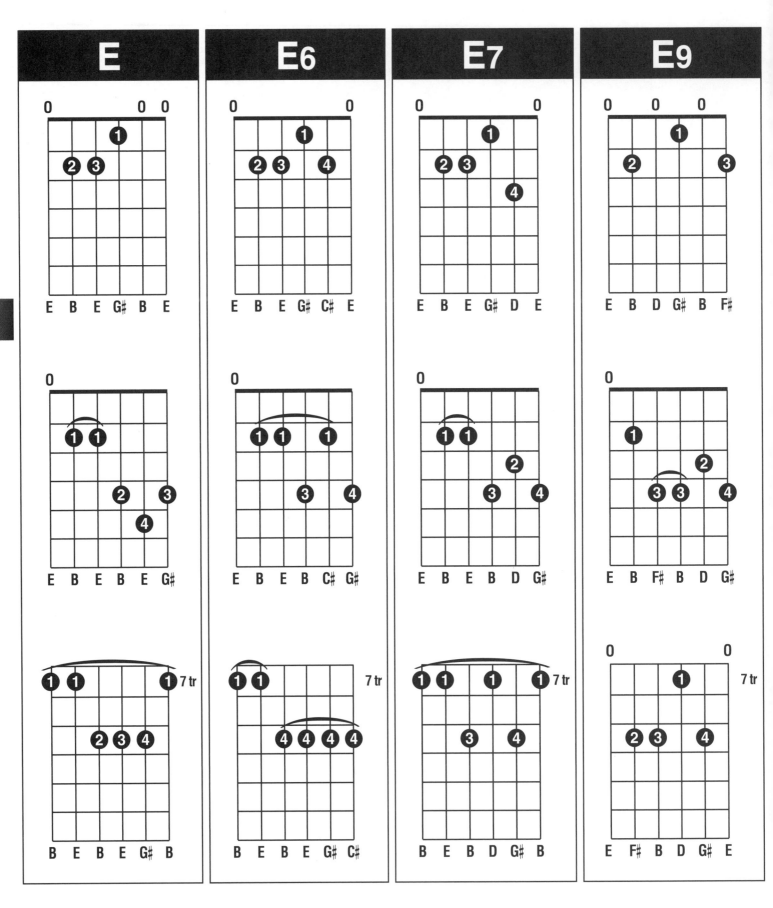

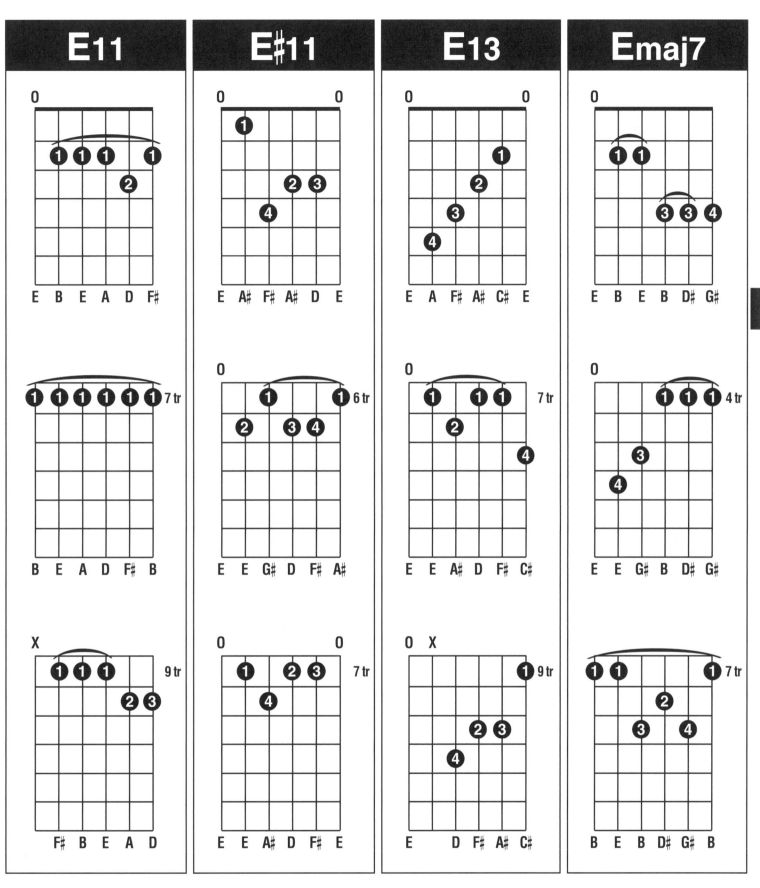

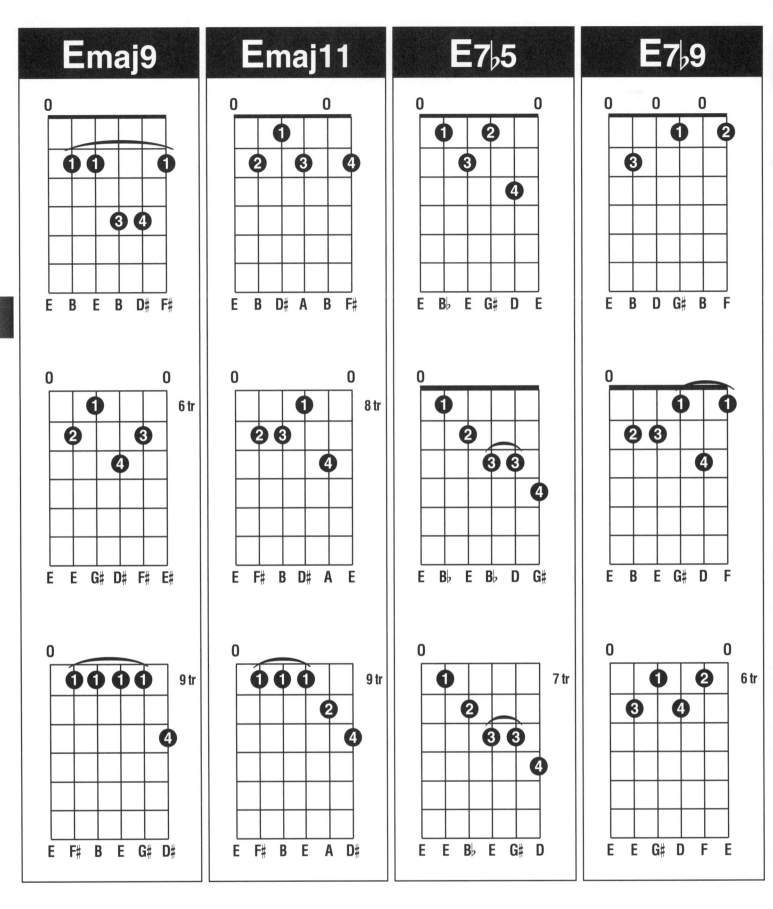

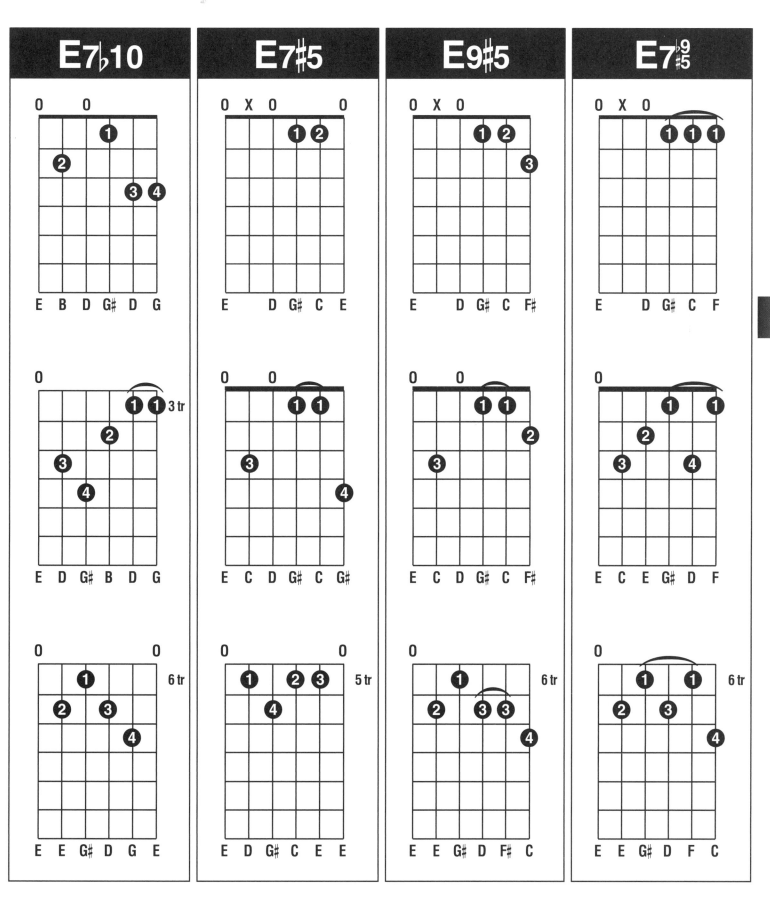

E7♭10   E7#5   E9#5   E7♭9#5

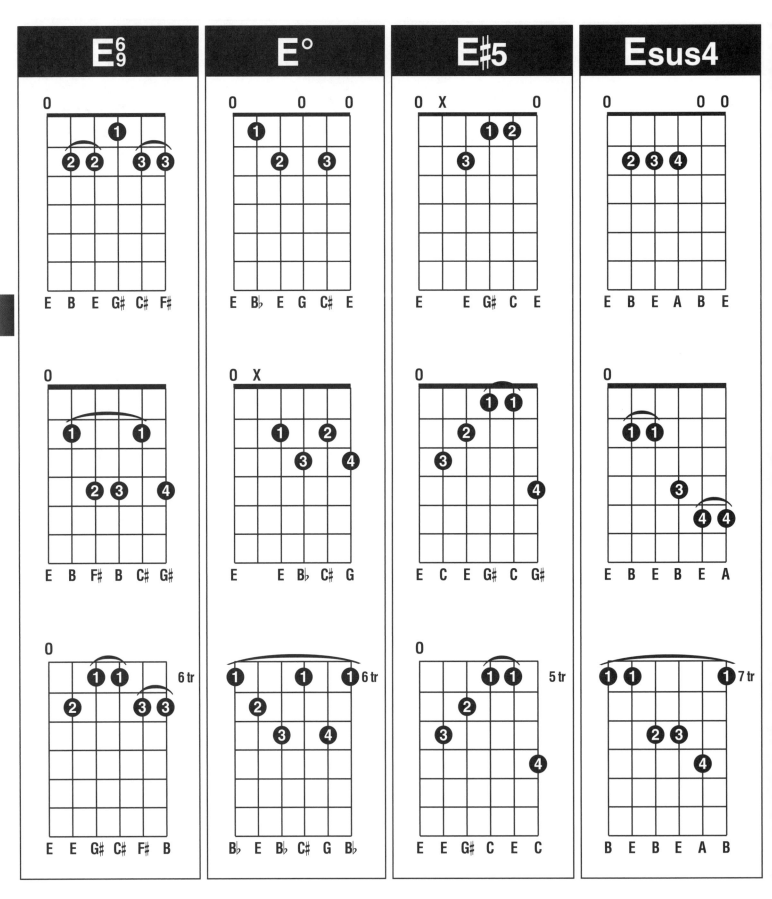

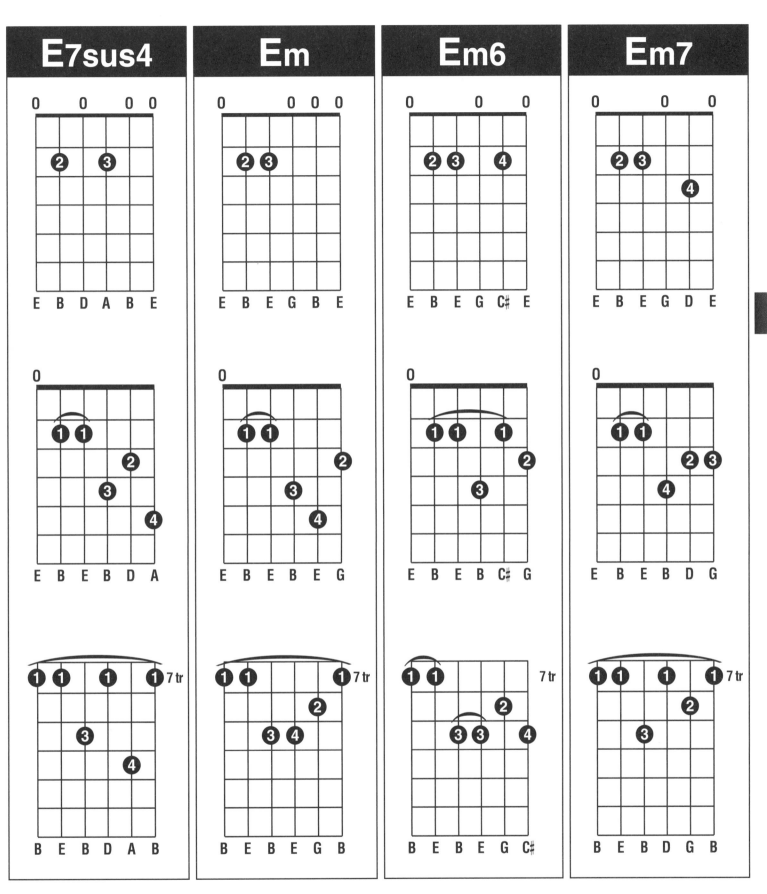

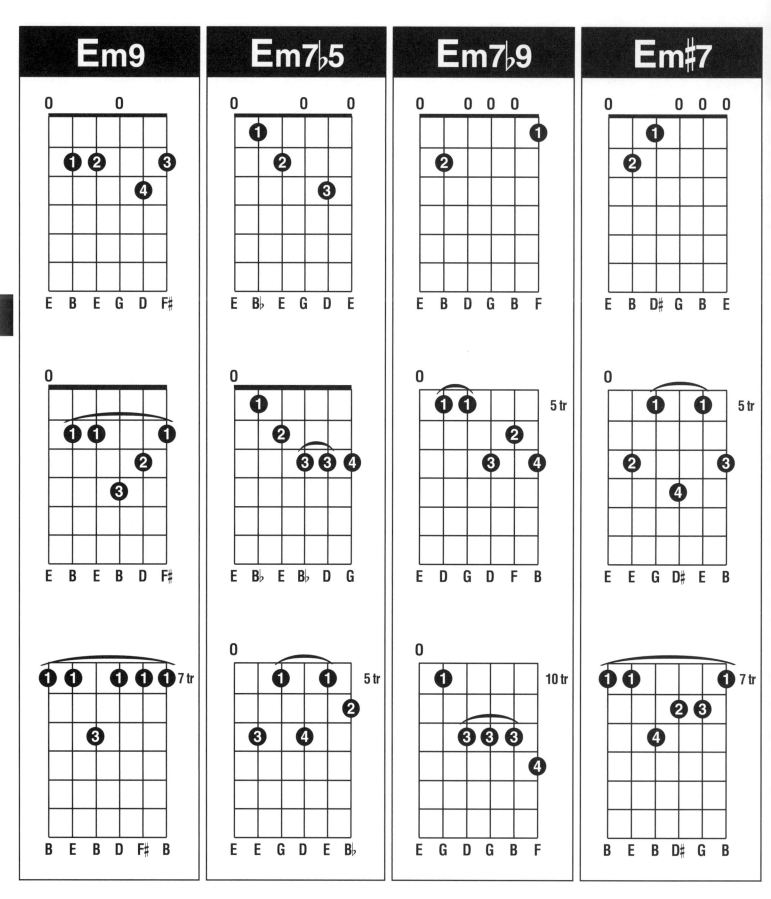

Em9	Em7♭5	Em7♭9	Em#7

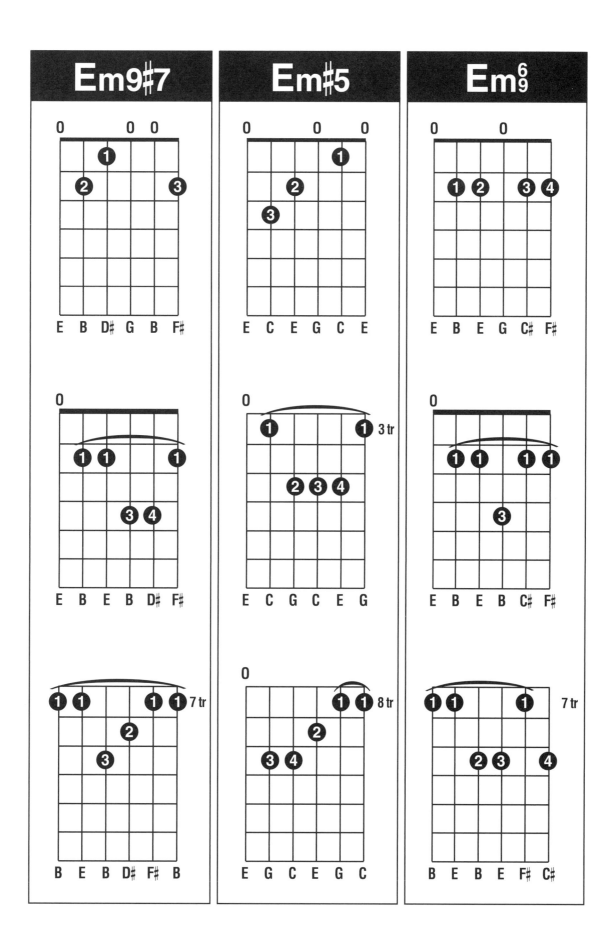

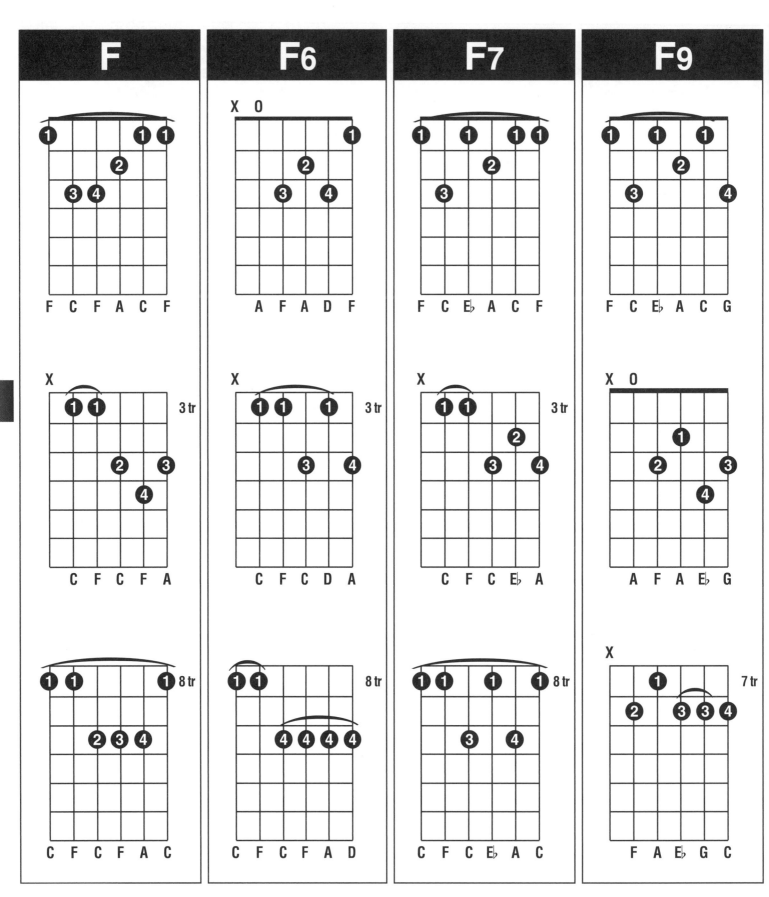

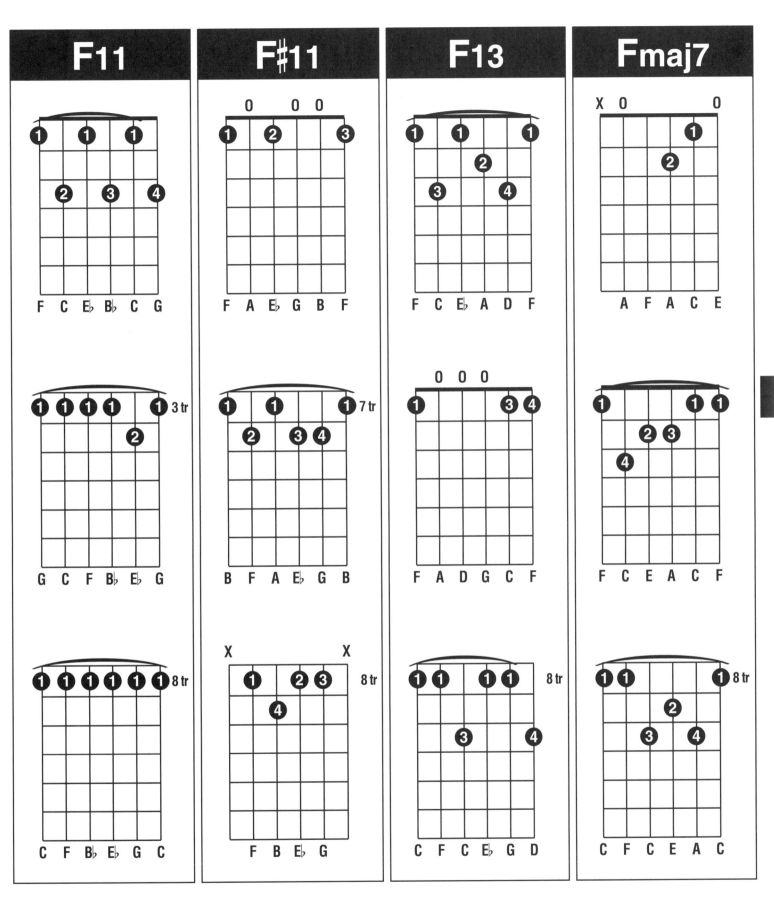

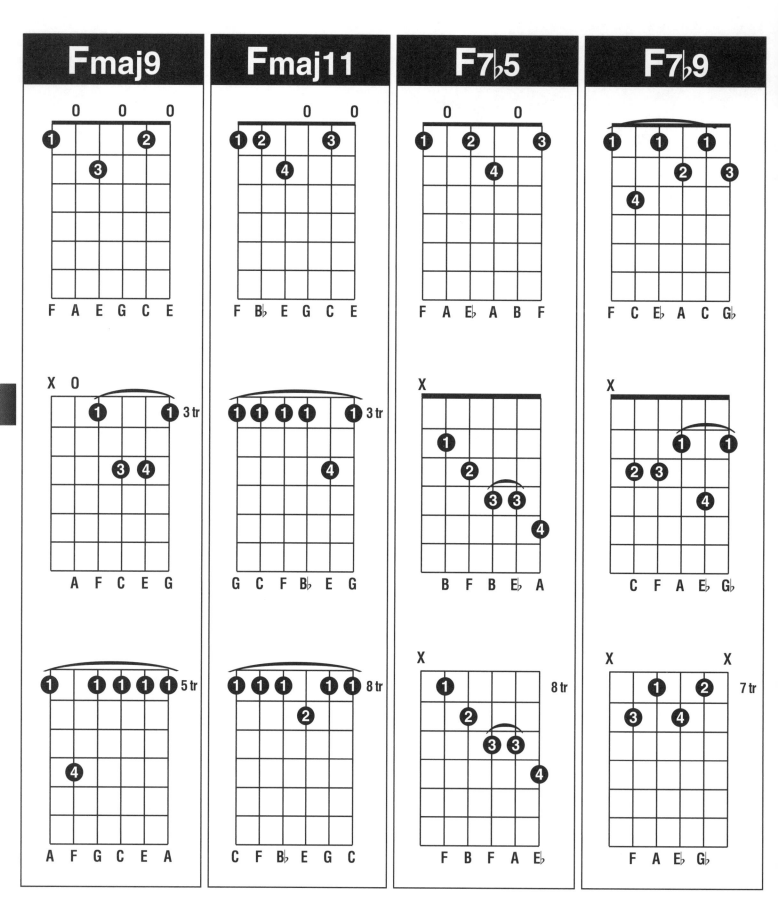

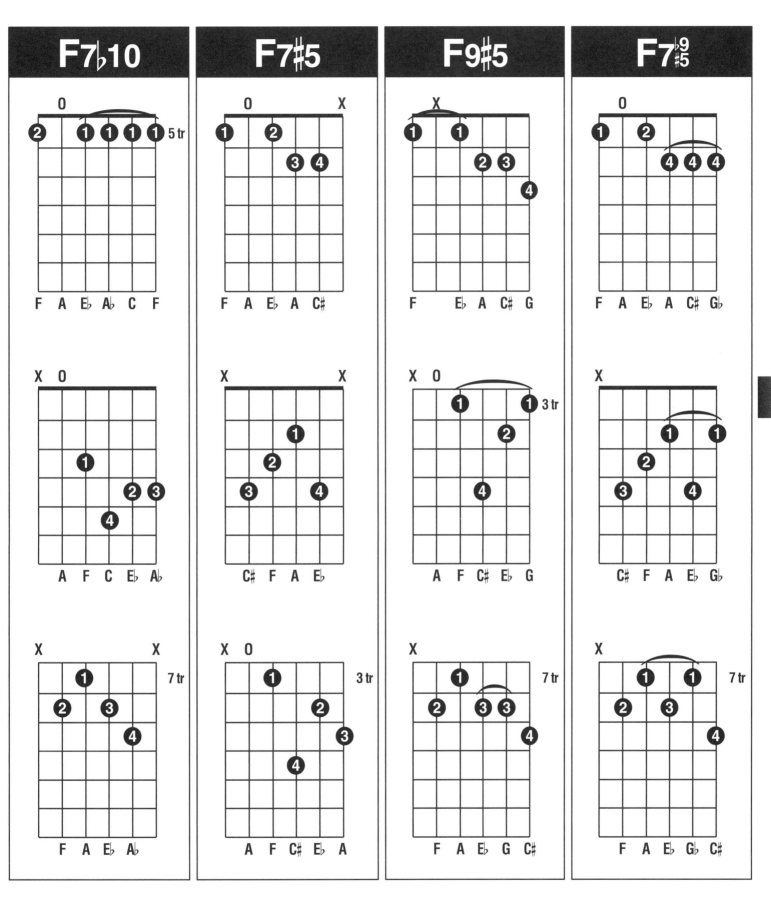

F7♭10

F7♯5

F9♯5

F7♭9♯5

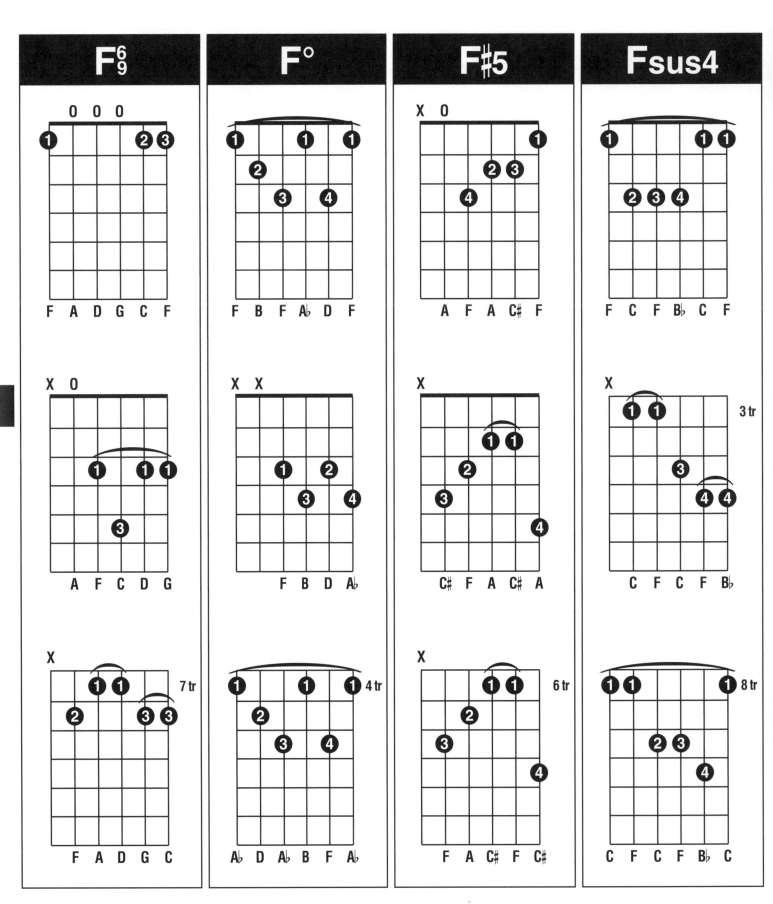

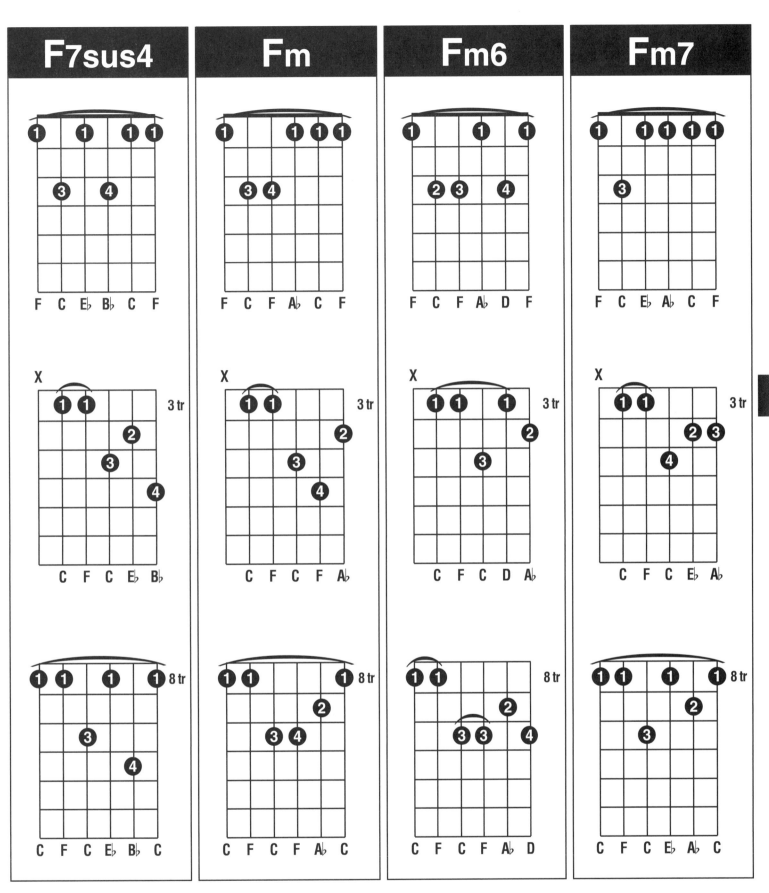

F7sus4   Fm   Fm6   Fm7

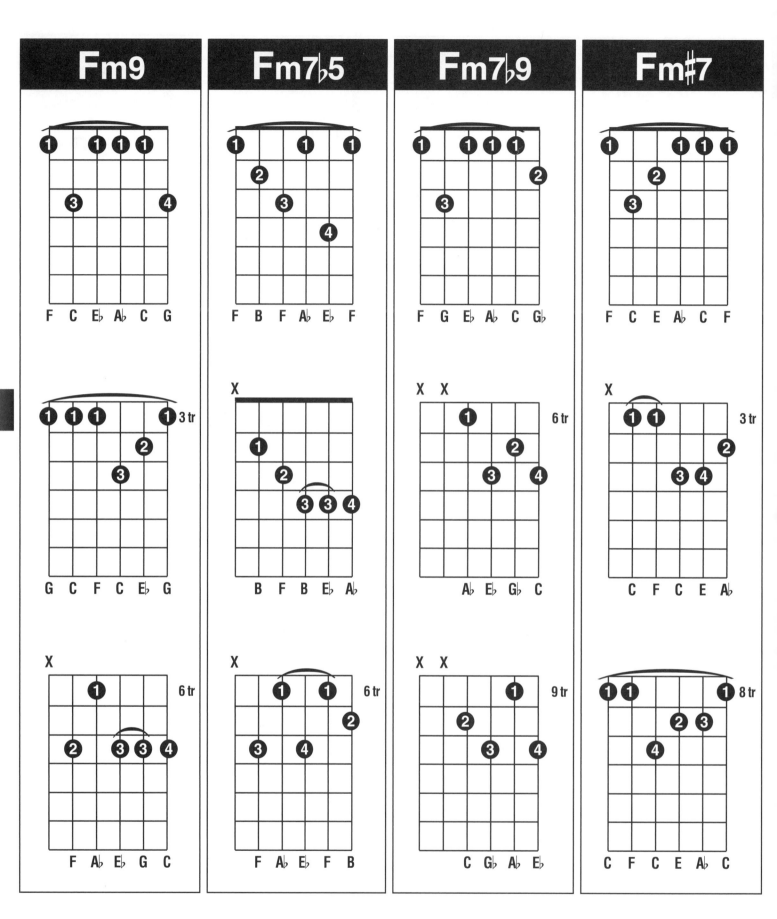

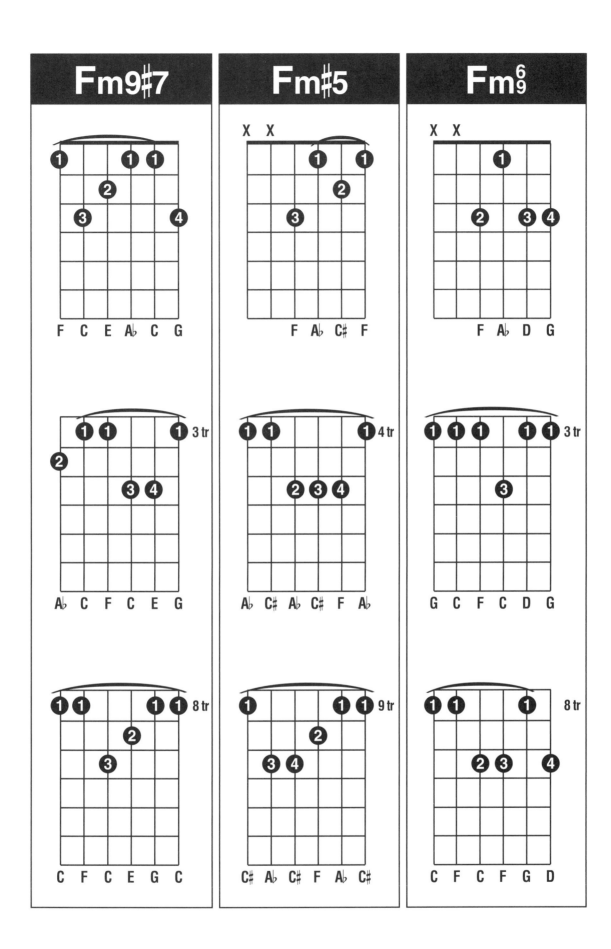

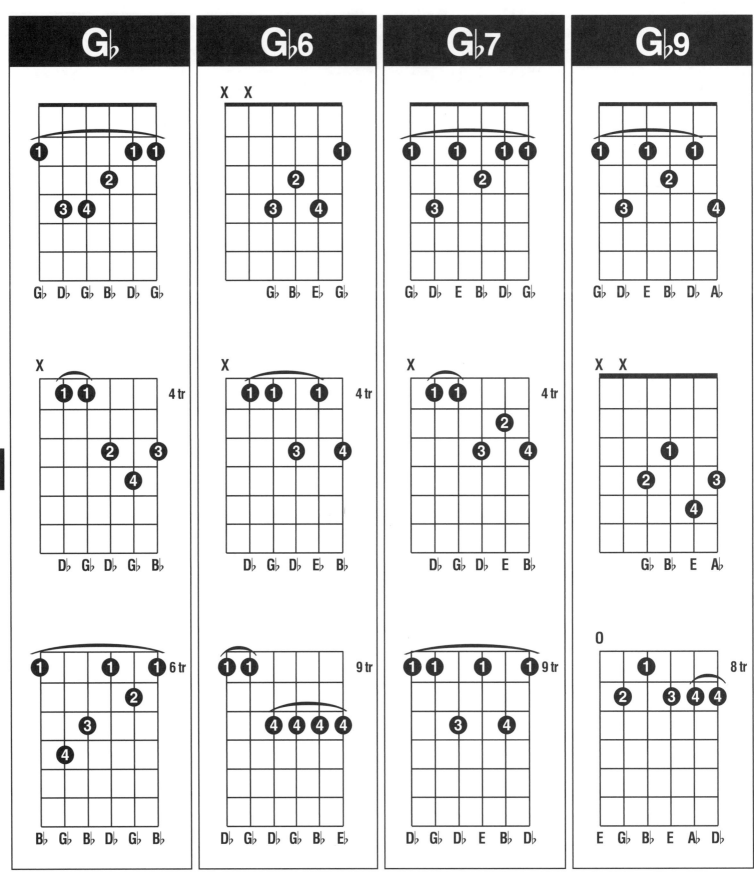

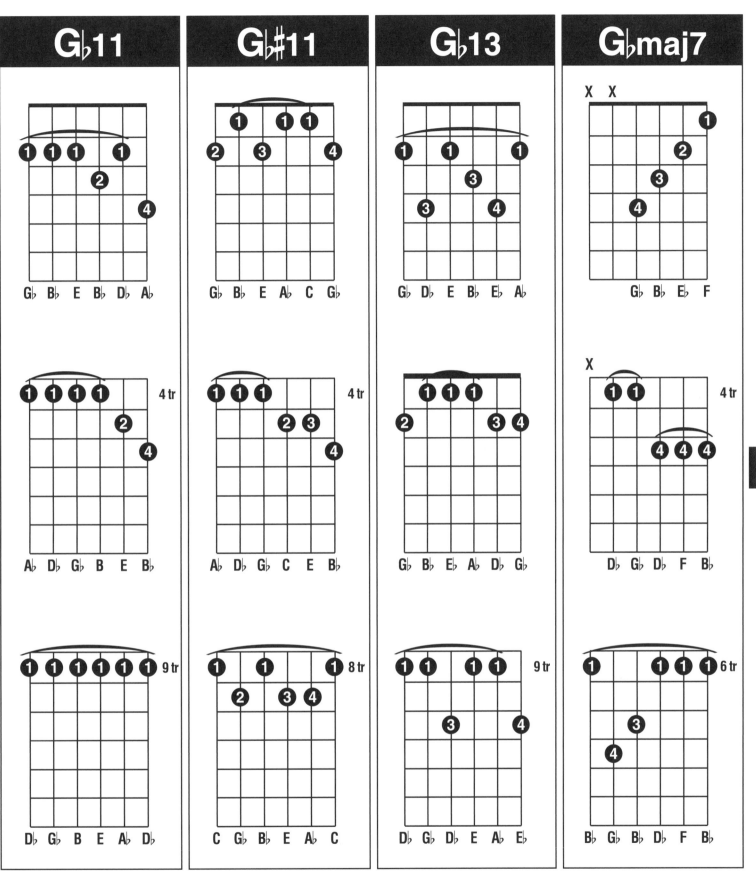

Gb11 Gb#11 Gb13 Gbmaj7

F# Gb

55

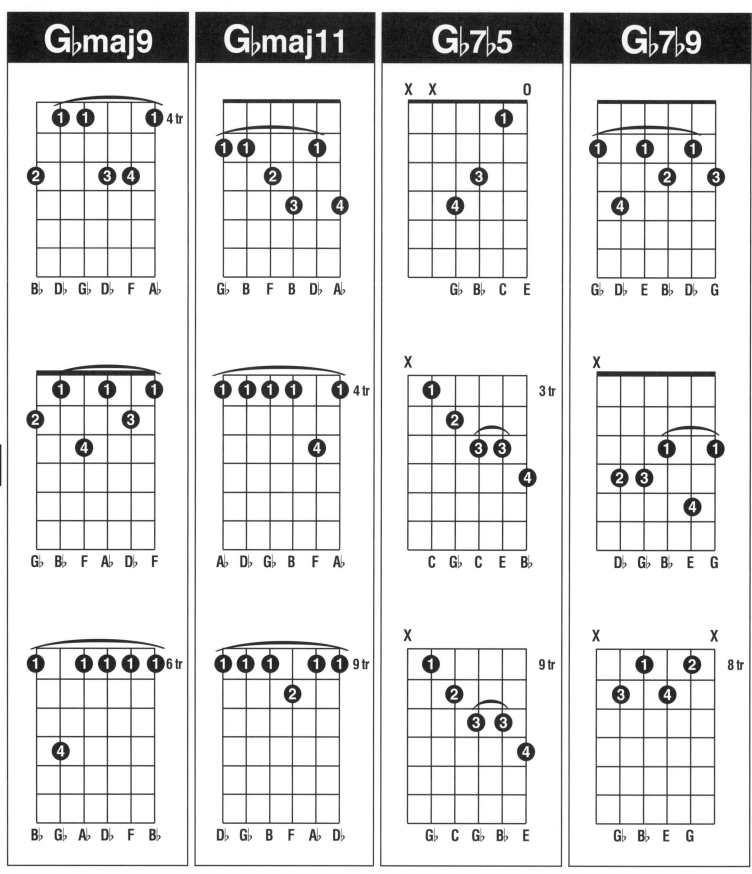

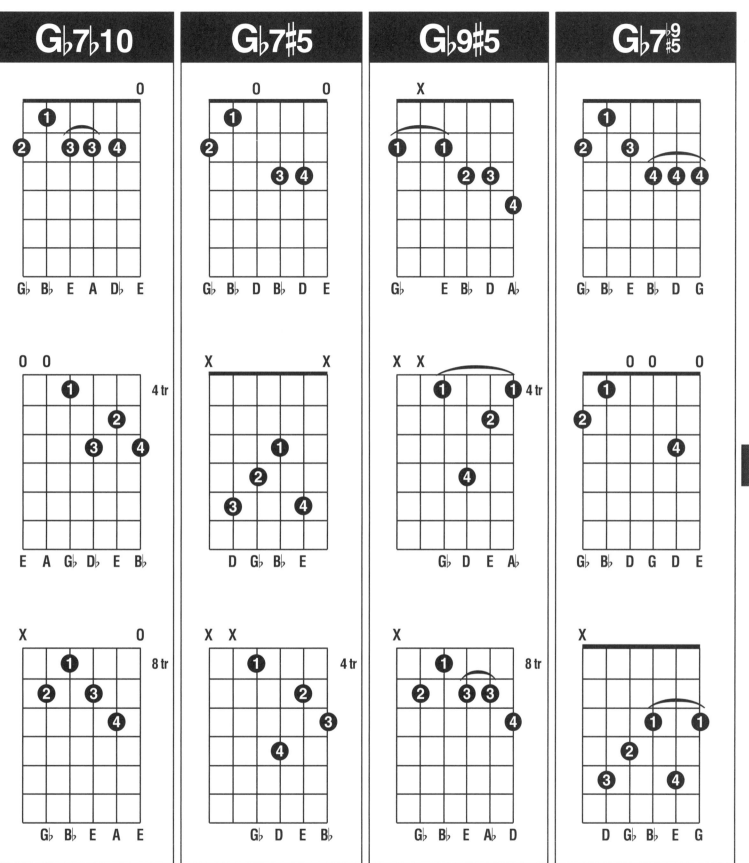

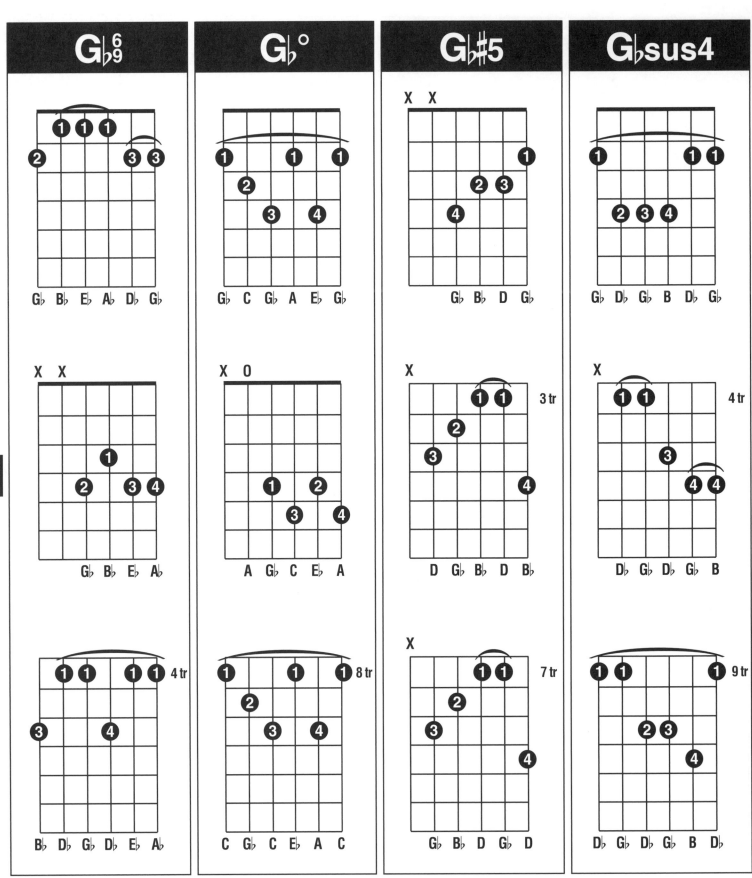

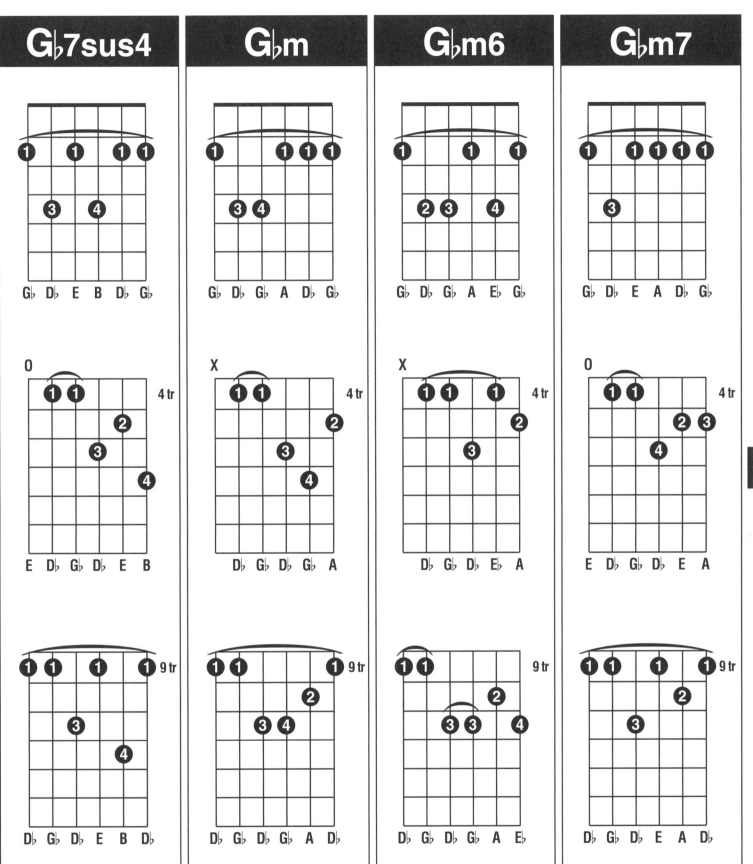

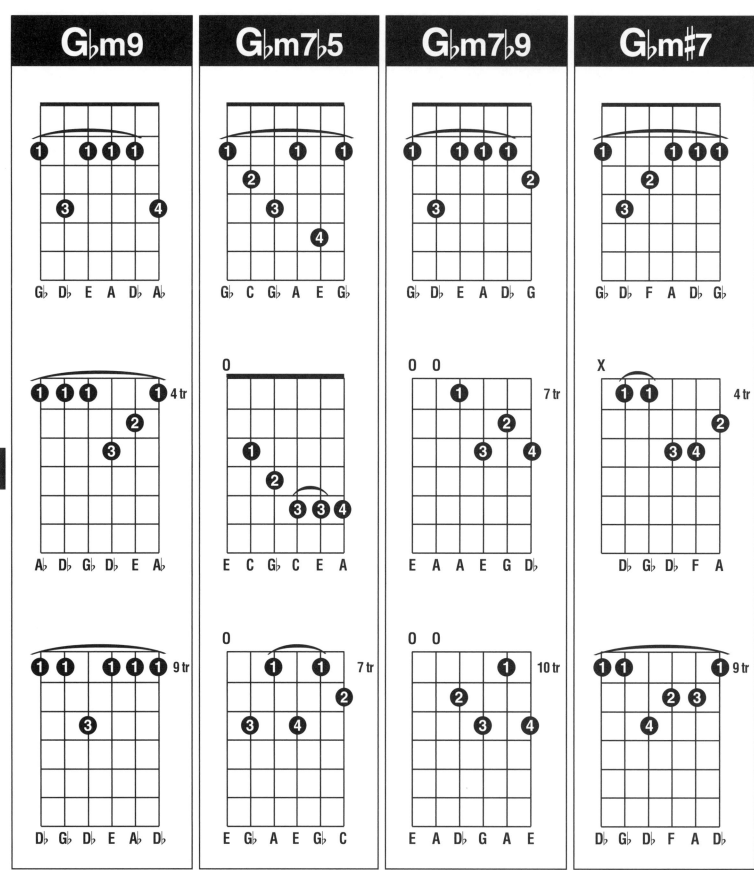

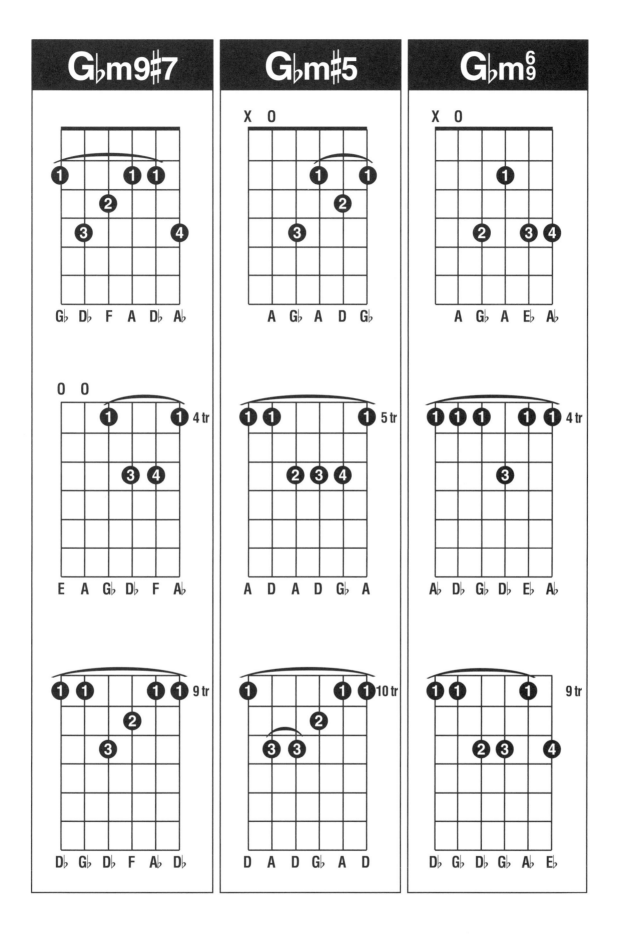

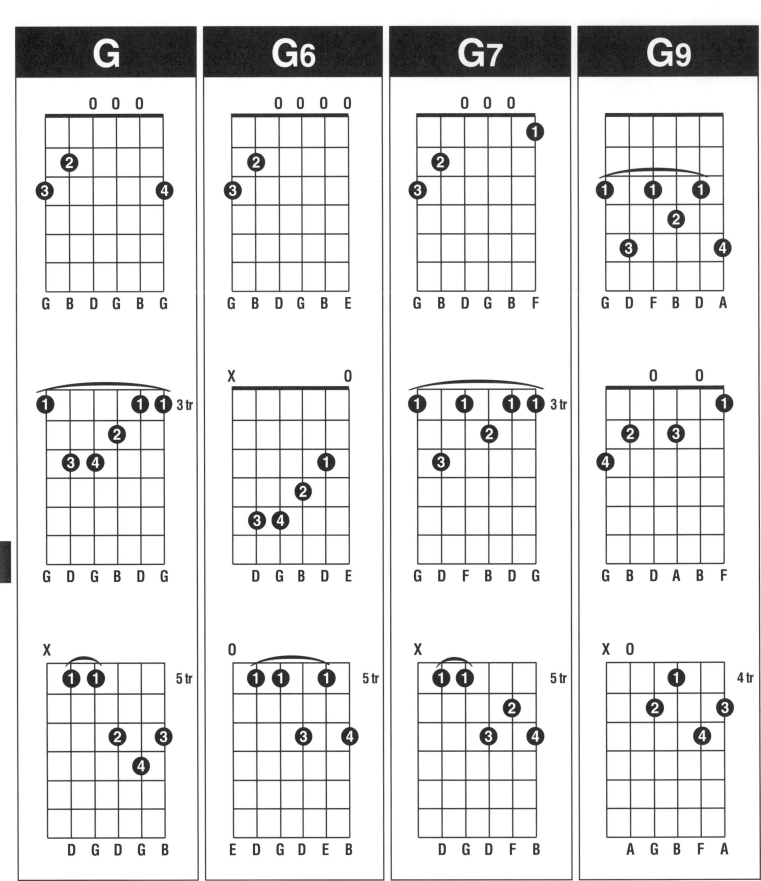

G

G6

G7

G9

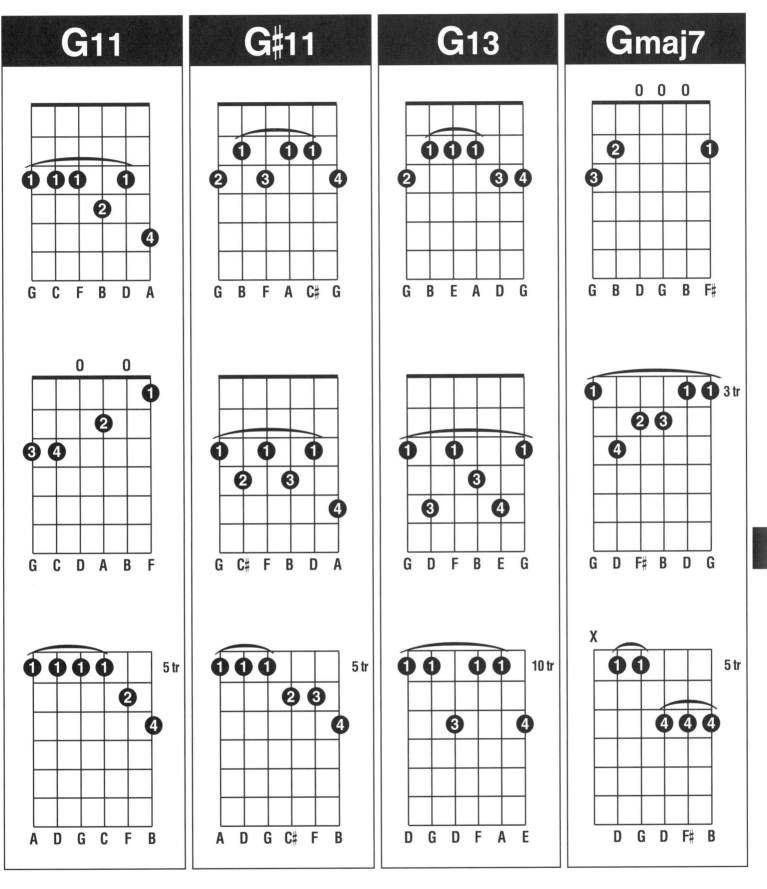

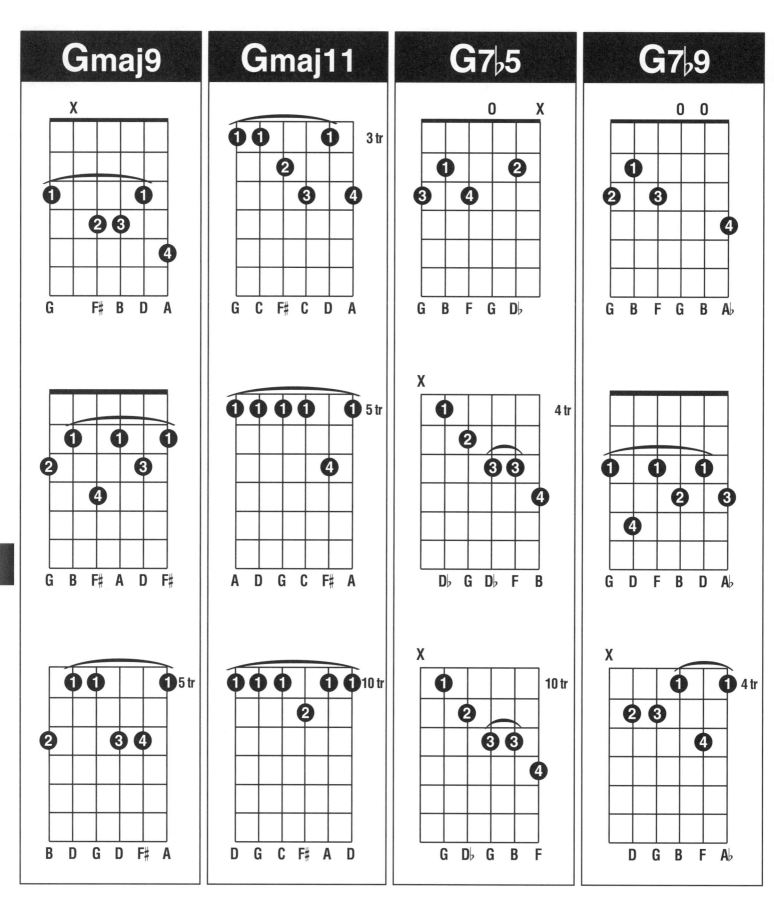

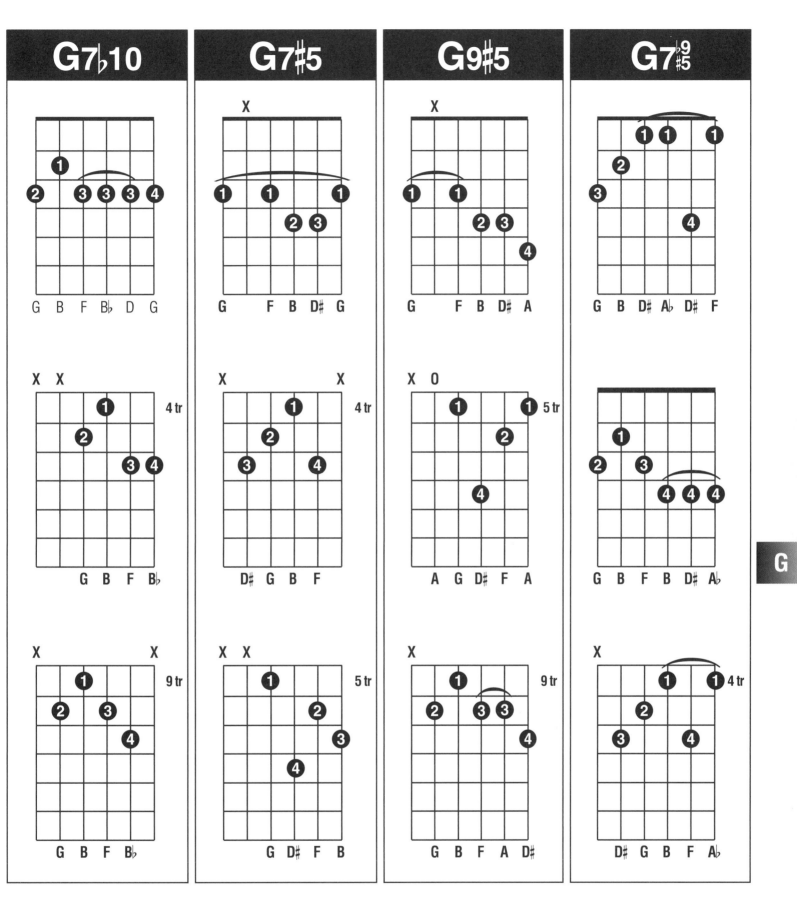

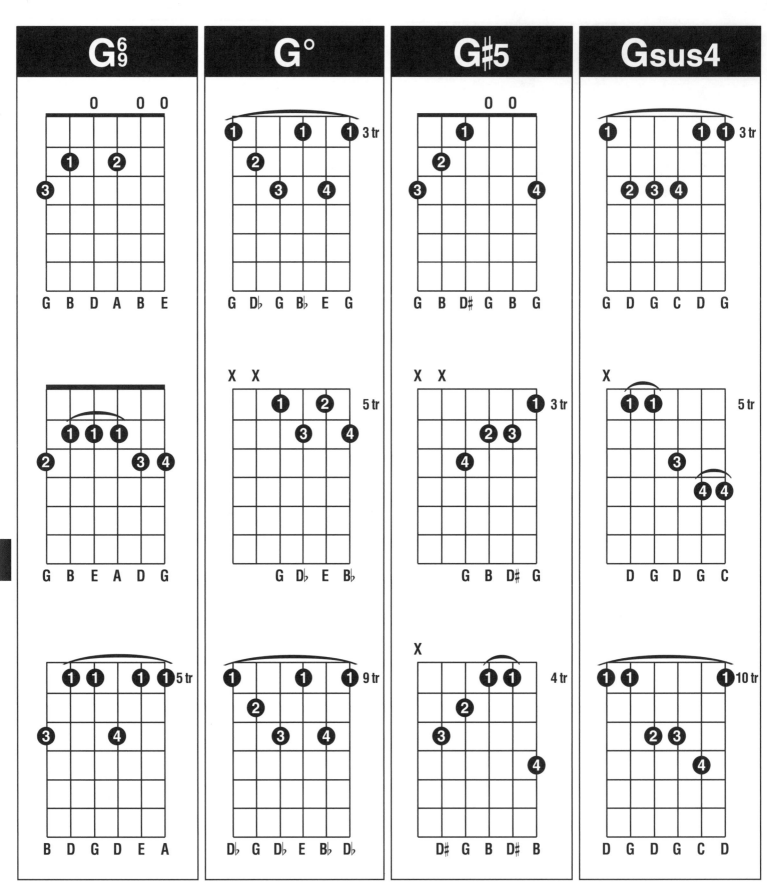

G⁶₉   G°   G♯5   Gsus4

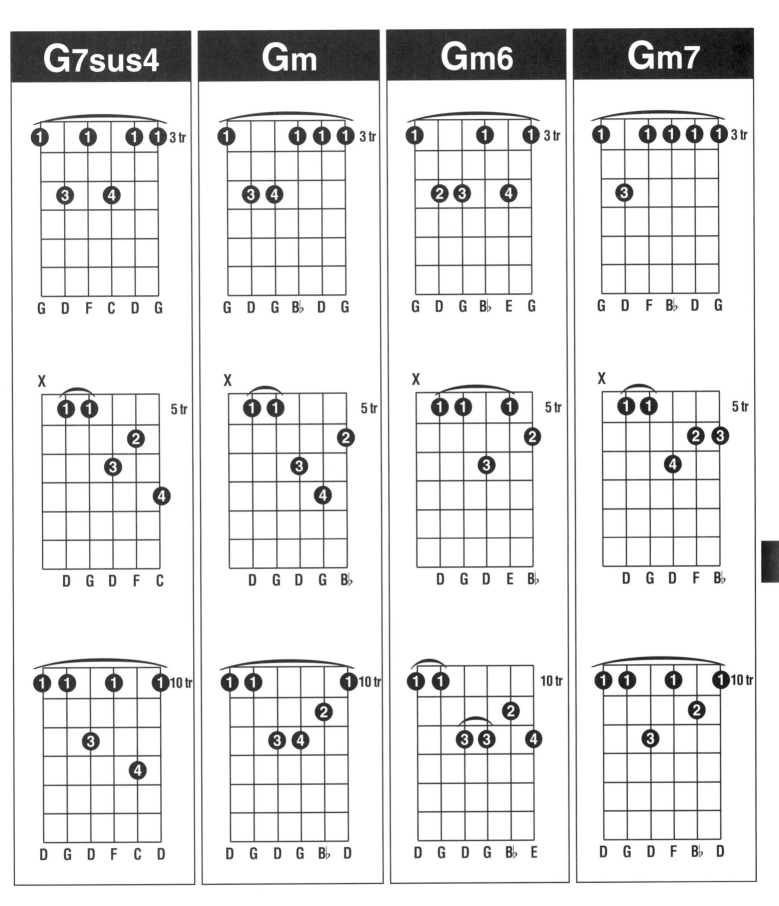

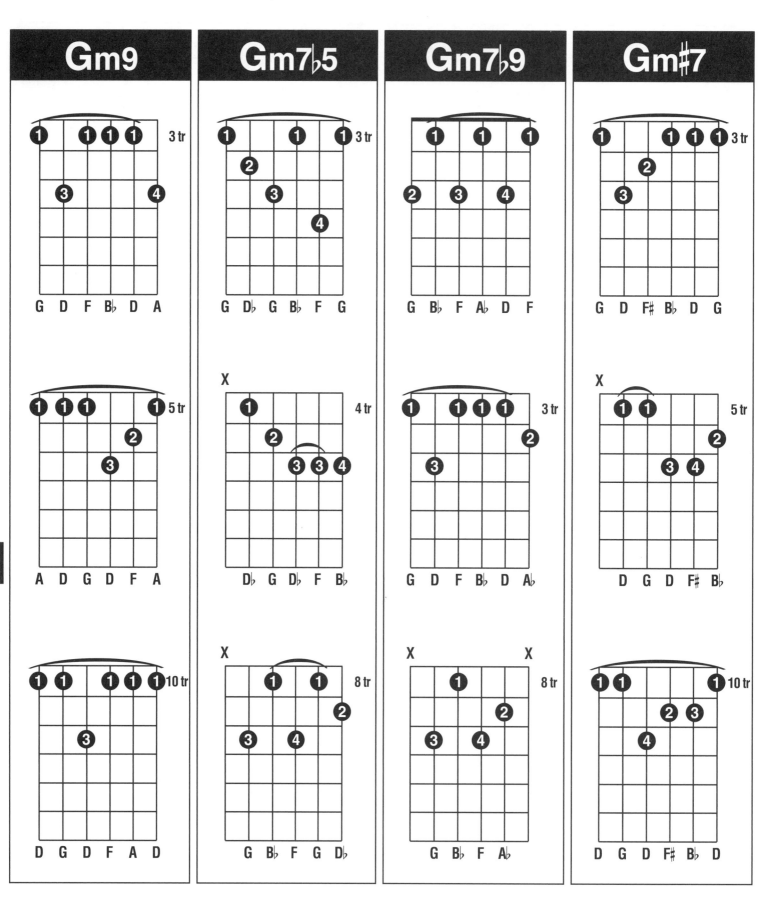

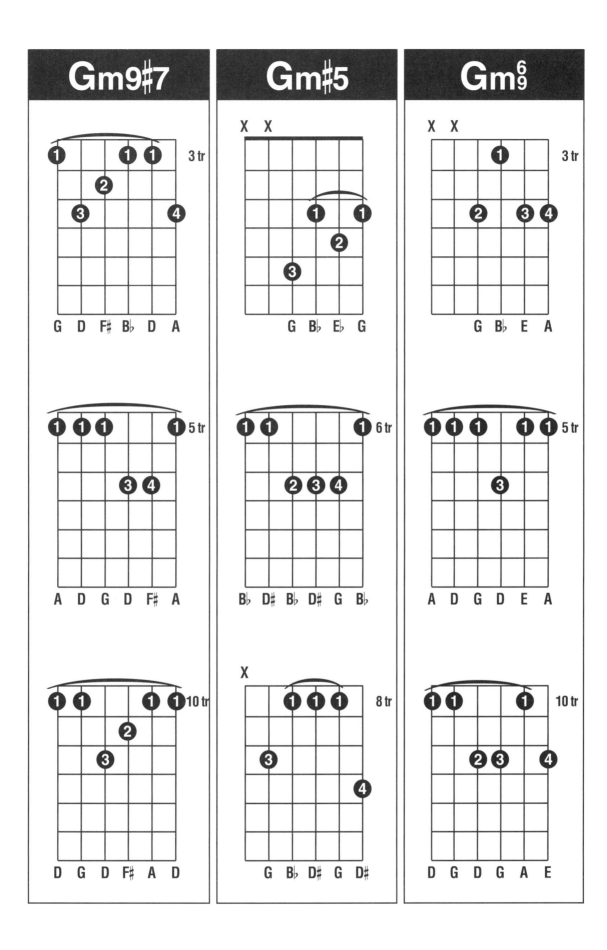

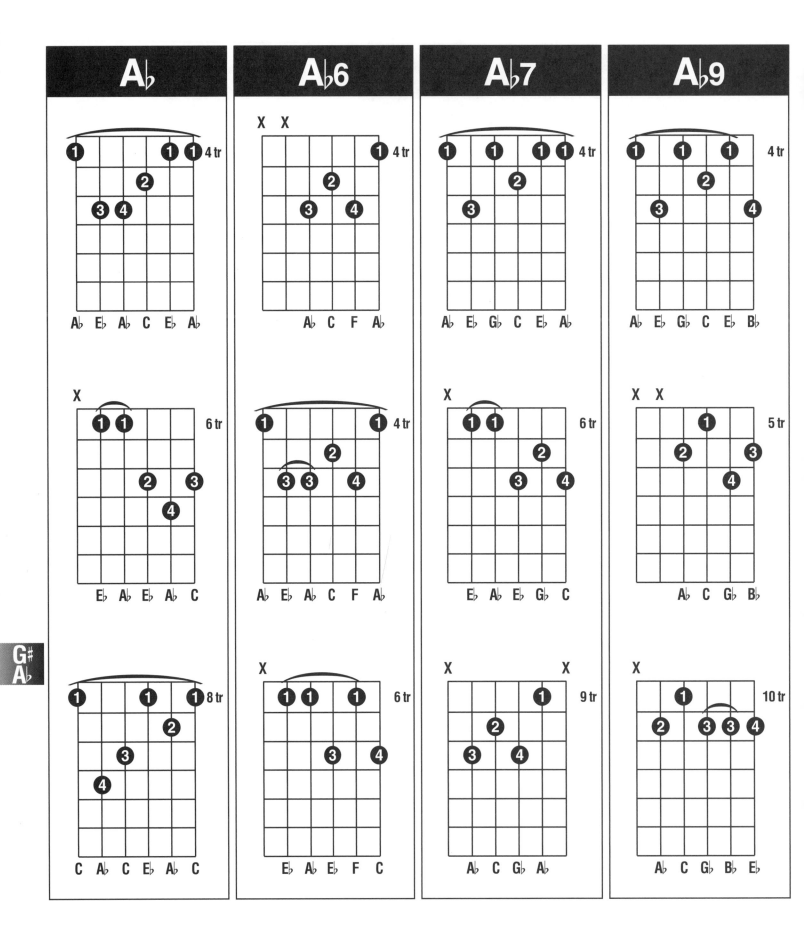

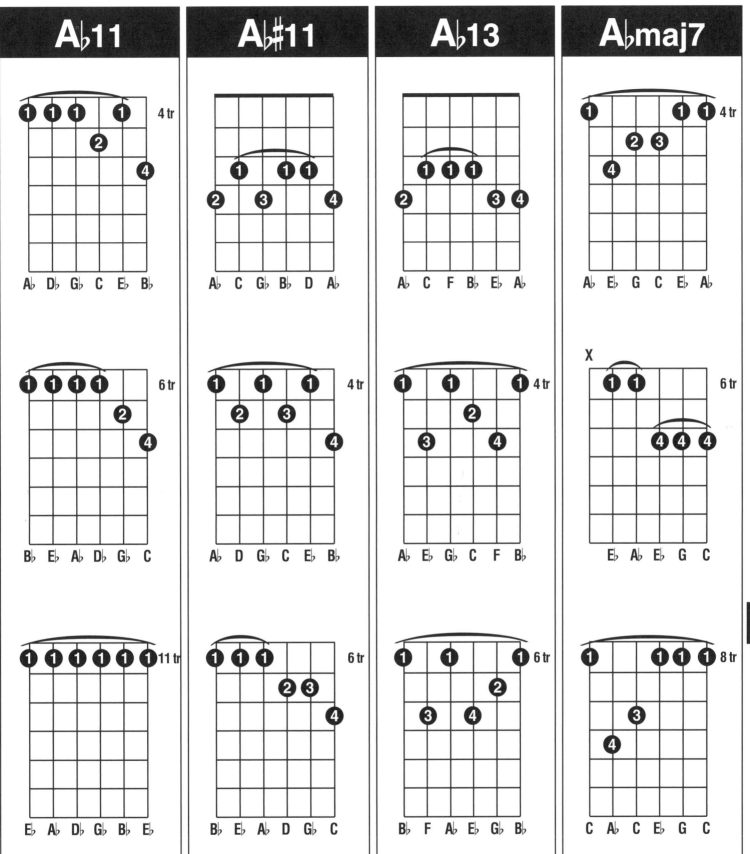

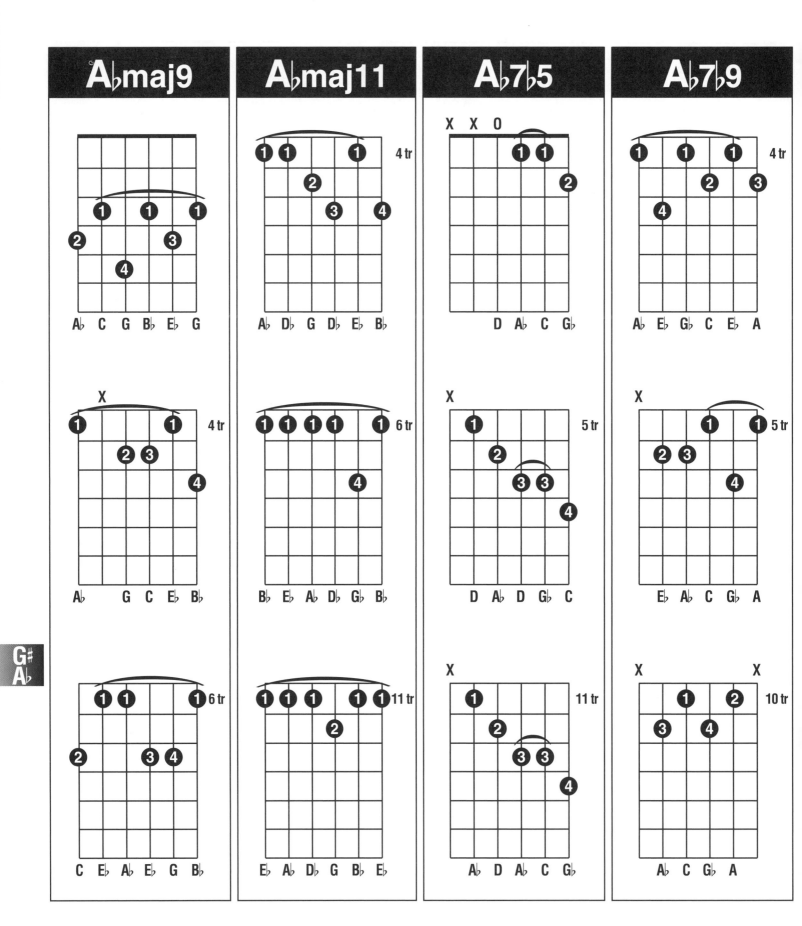

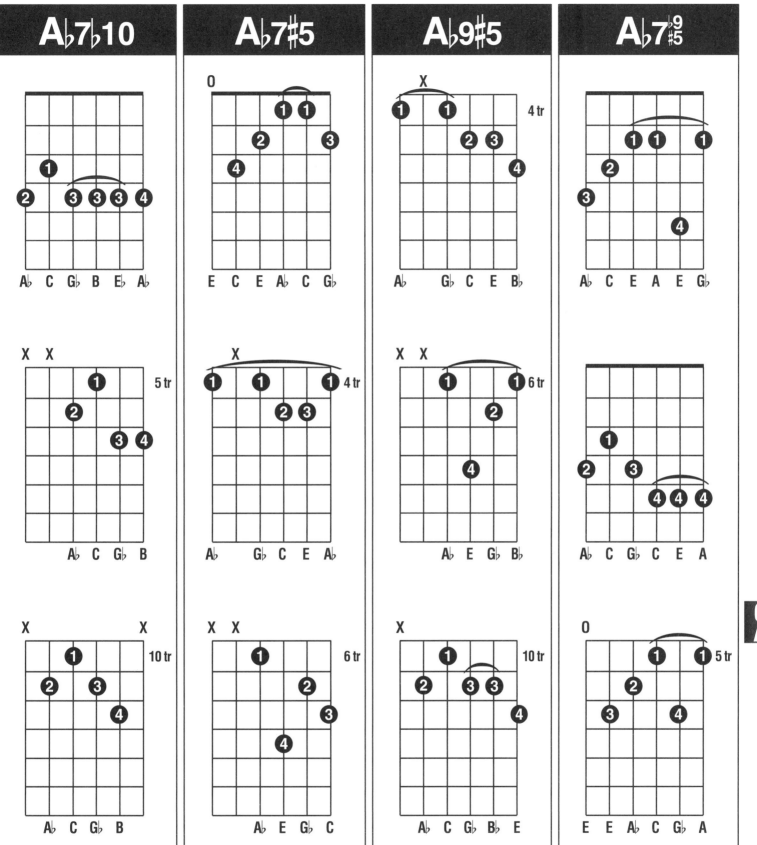

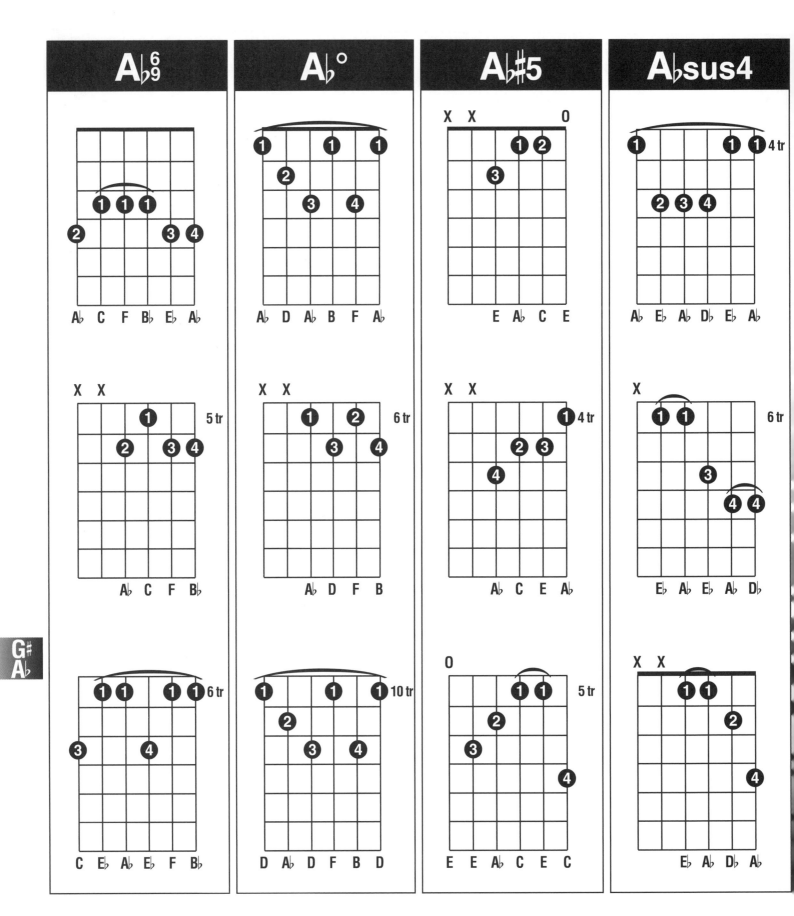

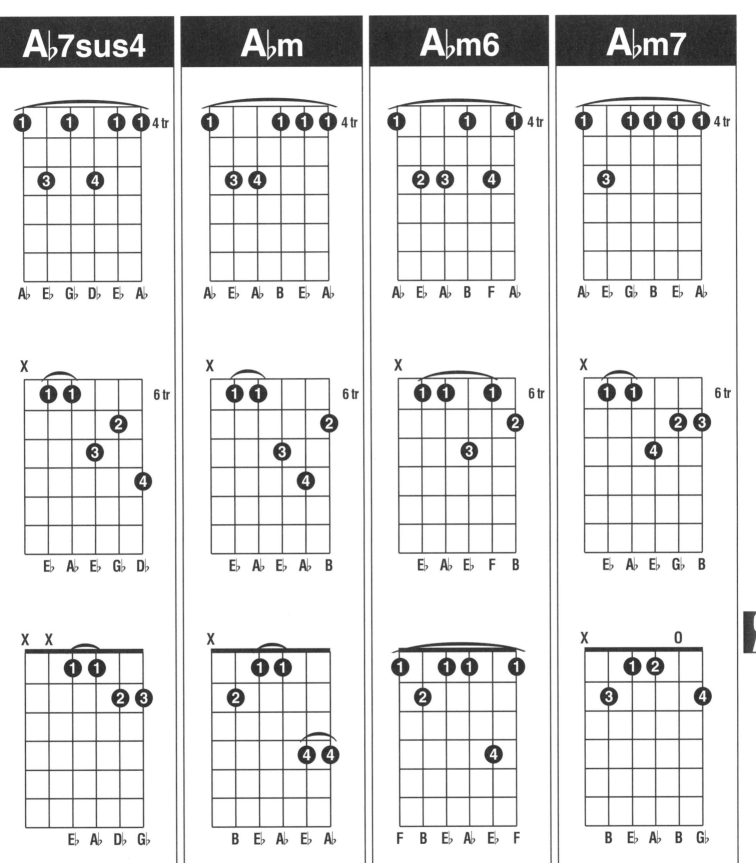

G#
Ab

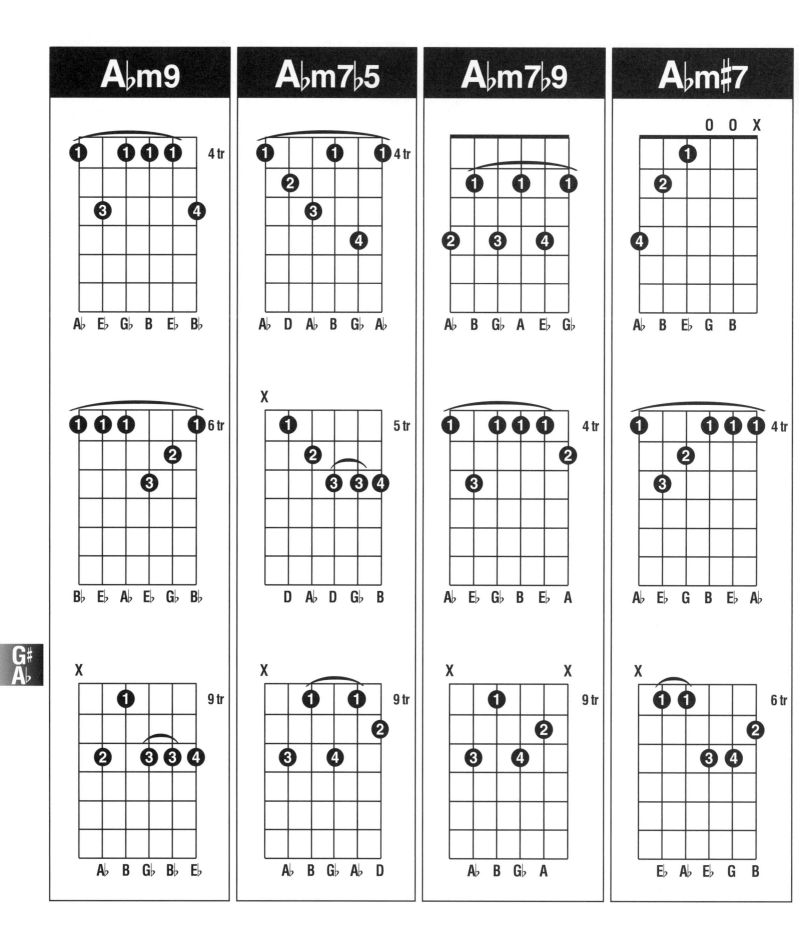

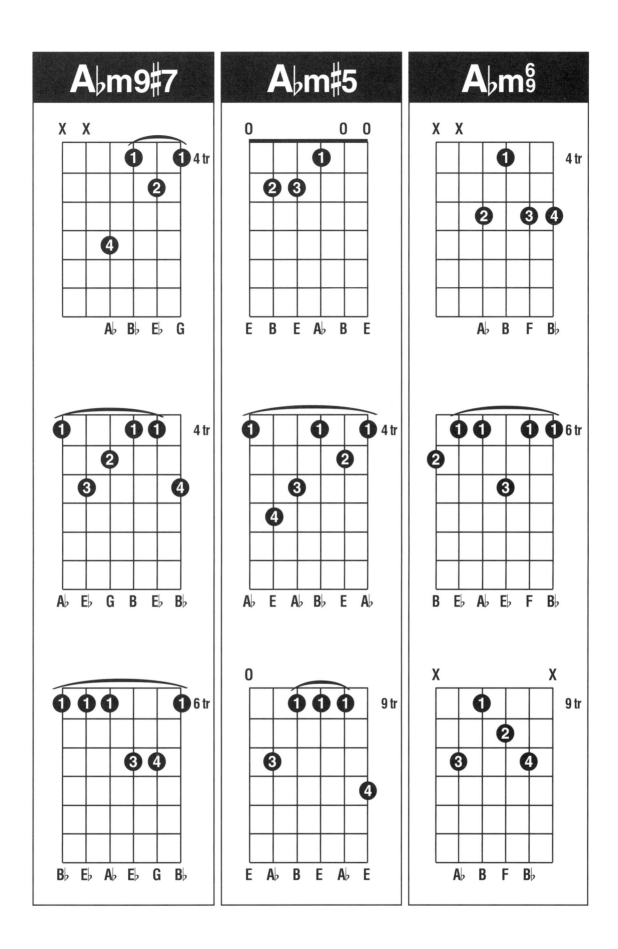

A

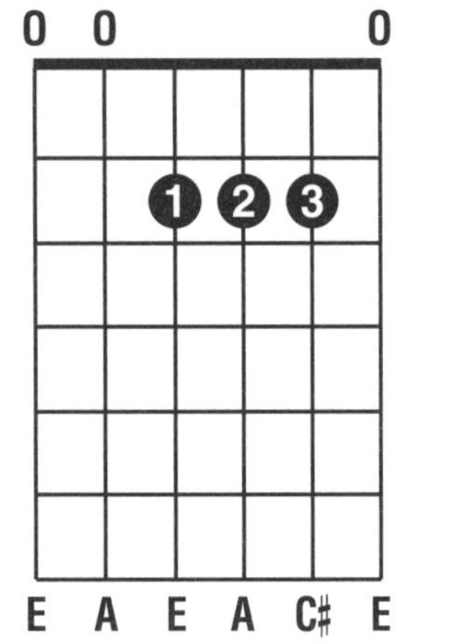

E A E A C# E

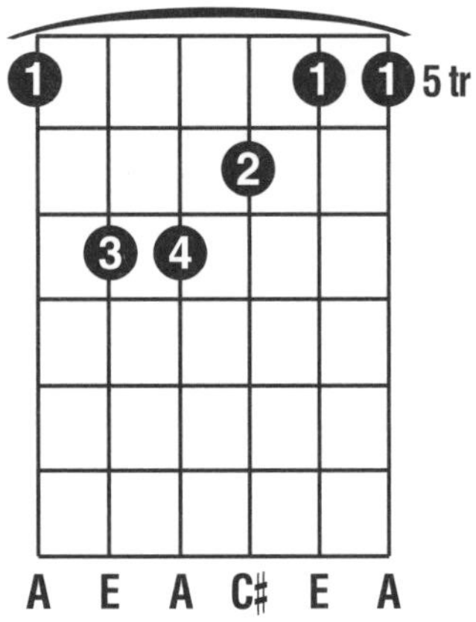

5 tr

A E A C# E A

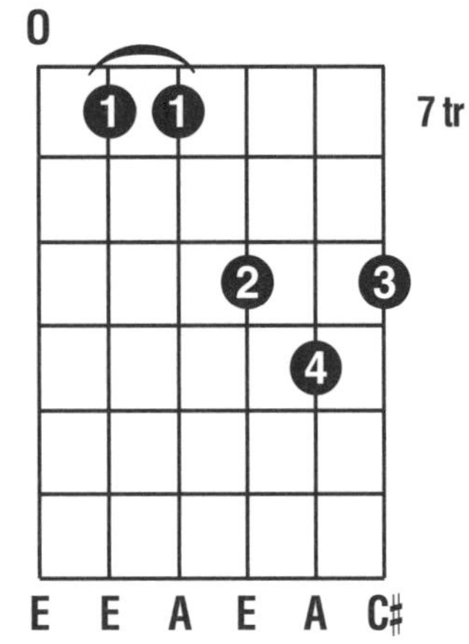

7 tr

E E A E A C#

A6

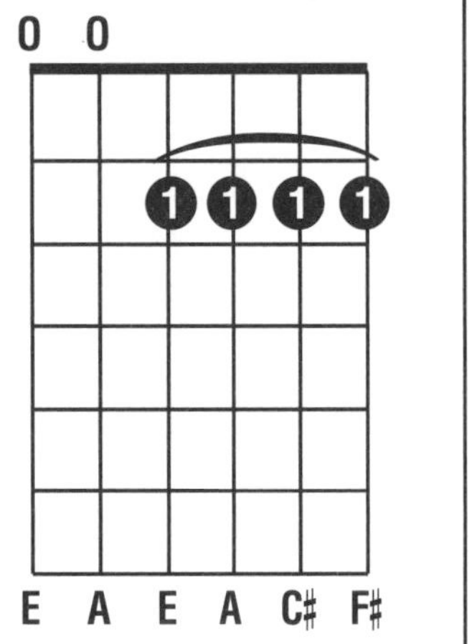

E A E A C# F#

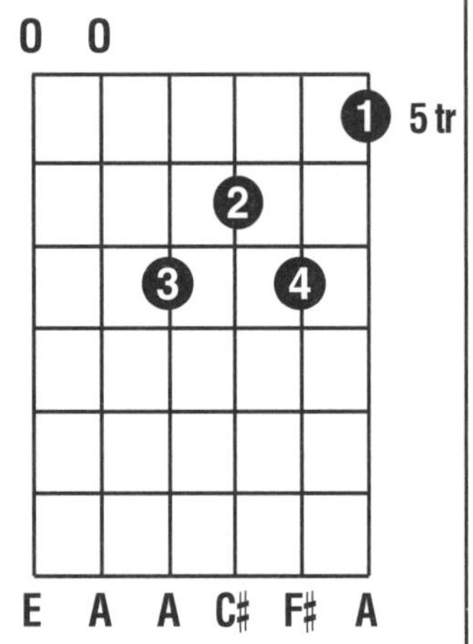

5 tr

E A A C# F# A

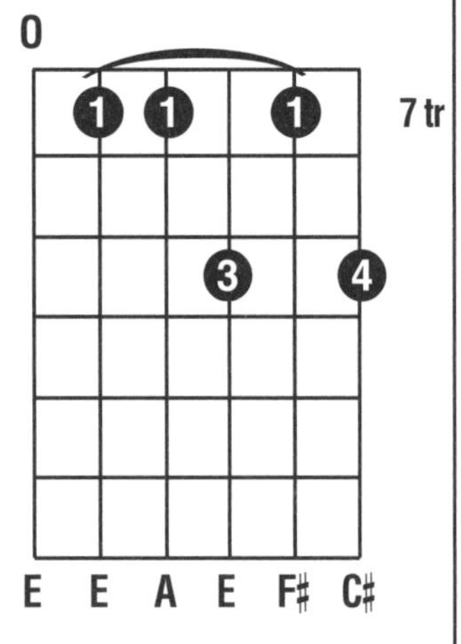

7 tr

E E A E F# C#

A7

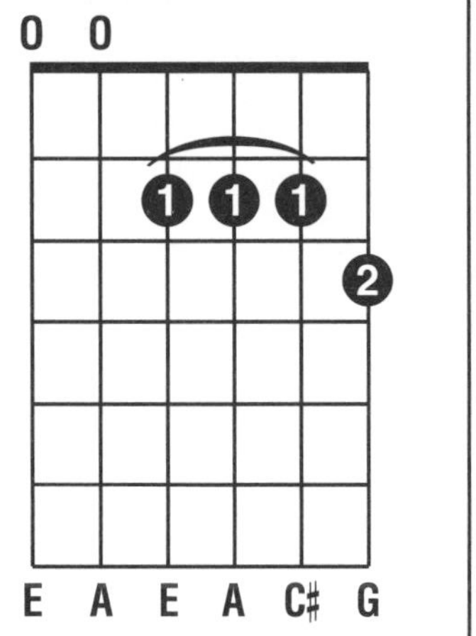

E A E A C# G

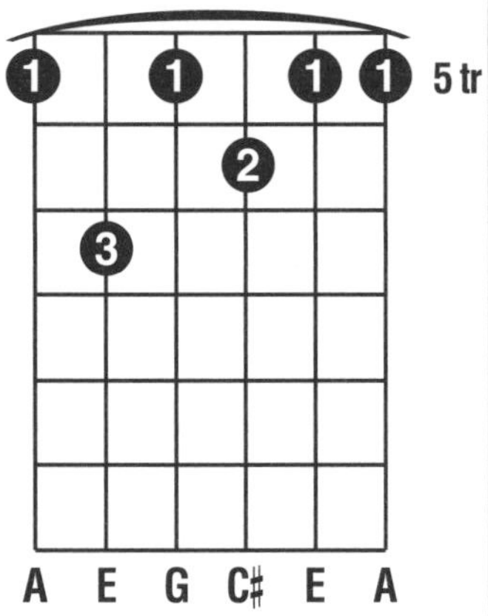

5 tr

A E G C# E A

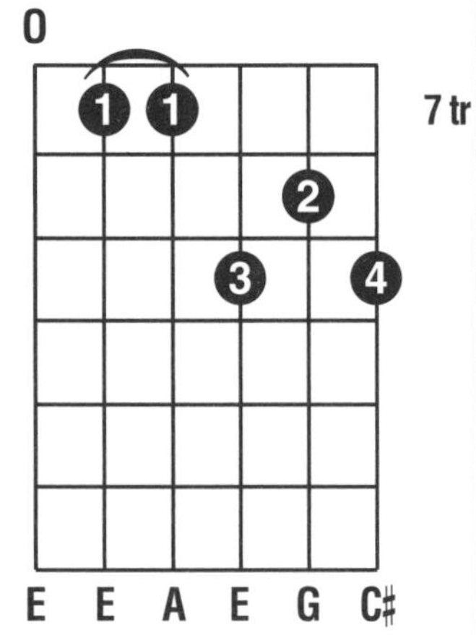

7 tr

E E A E G C#

A9

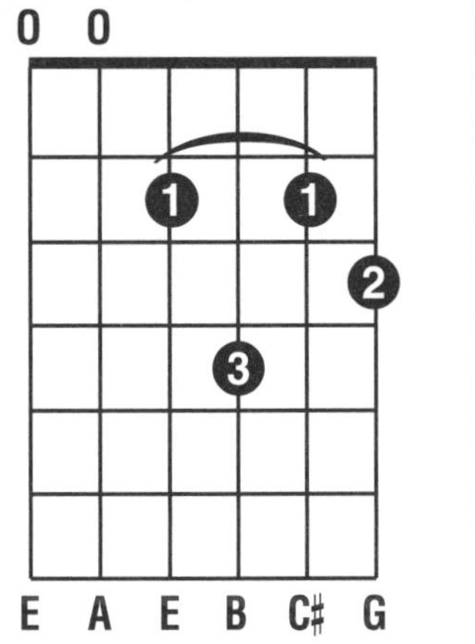

E A E B C# G

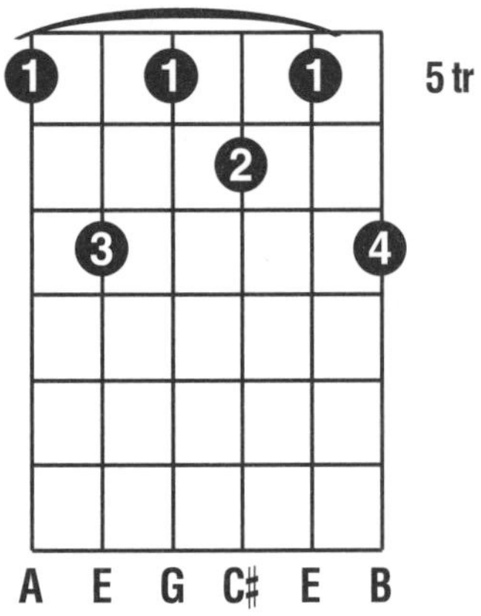

5 tr

A E G C# E B

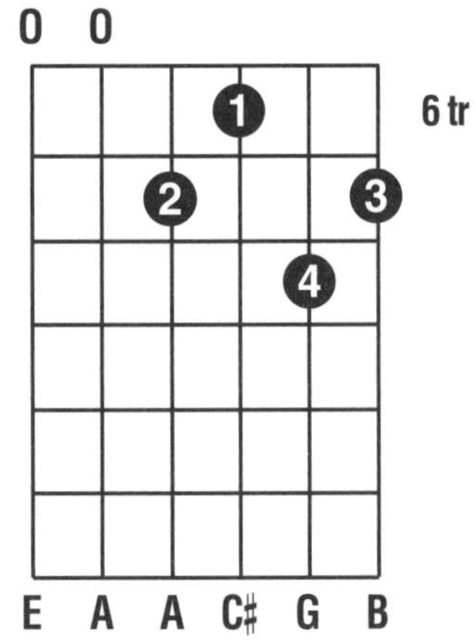

6 tr

E A A C# G B

A

78

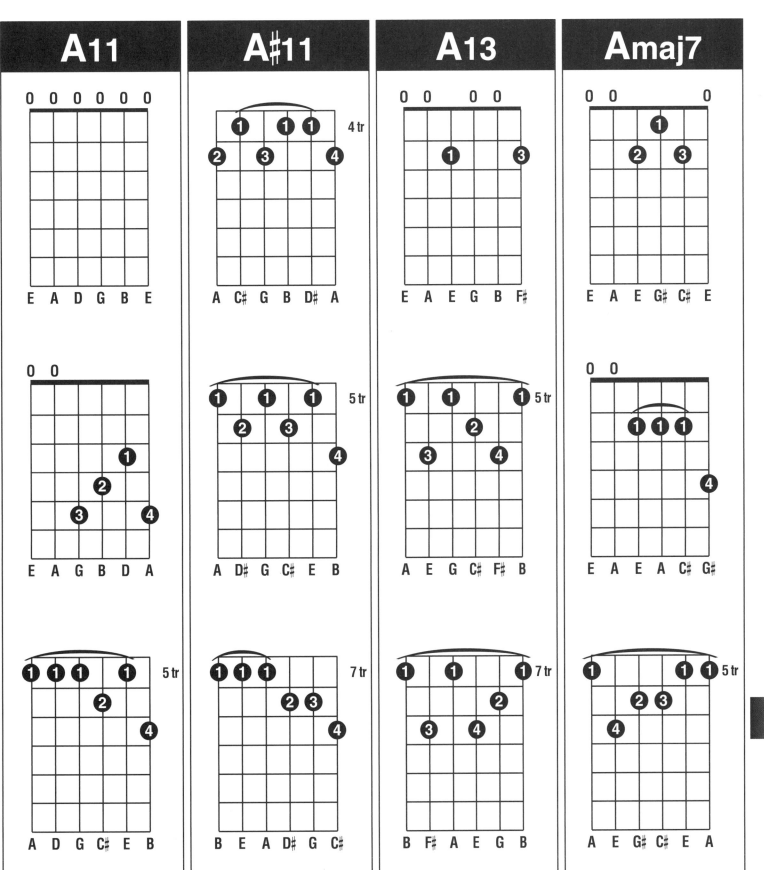

Amaj9

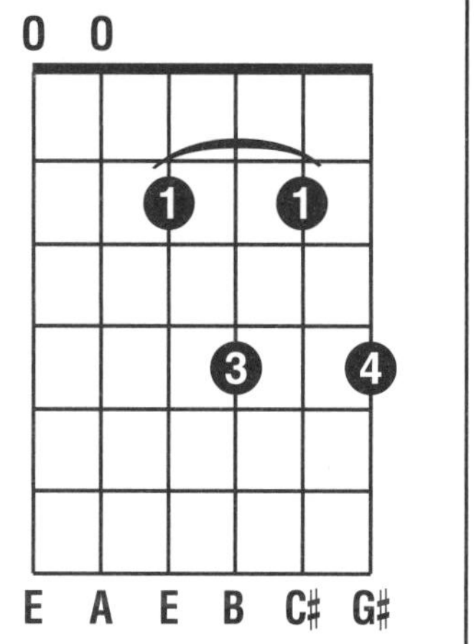

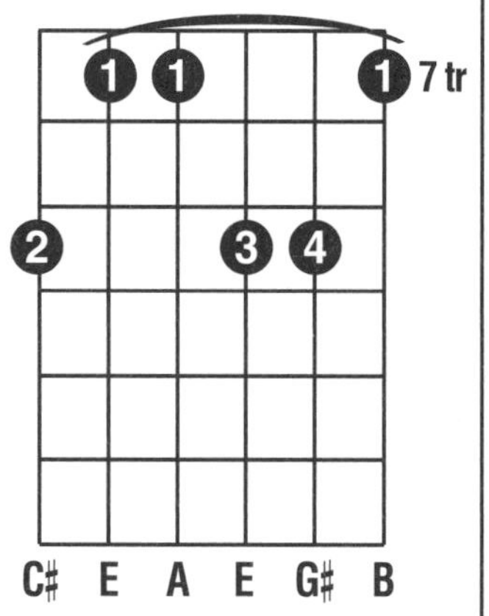

0 0

E A E B C# G#

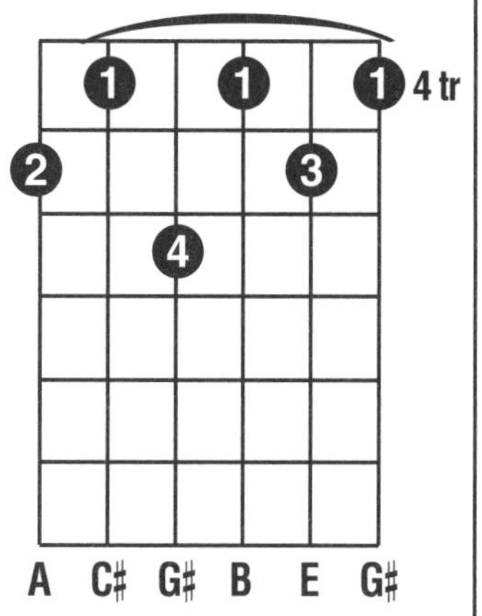

1 1 4 tr

A C# G# B E G#

1 1 1 7 tr

C# E A E G# B

Amaj11

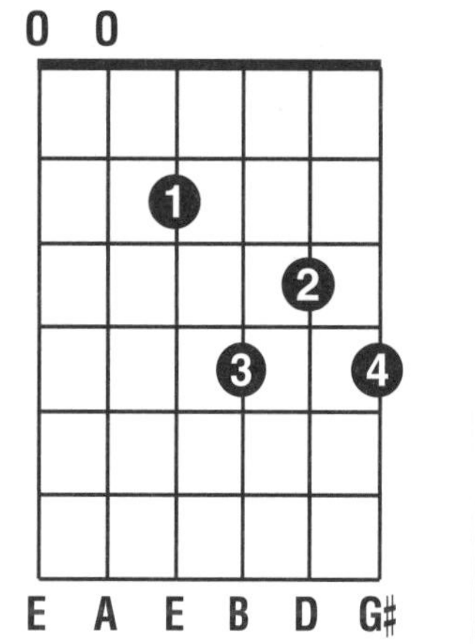

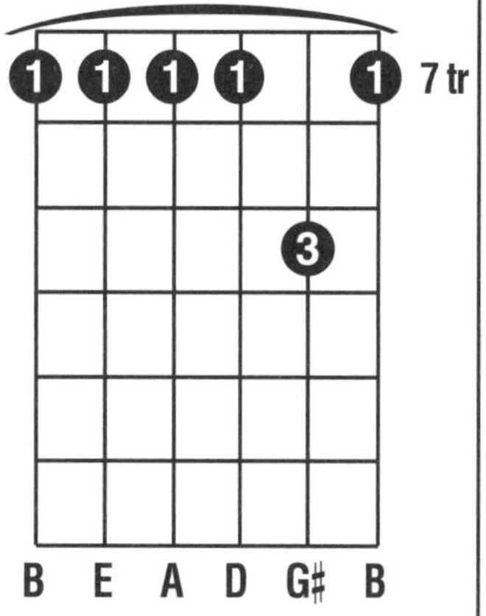

0 0

E A E B D G#

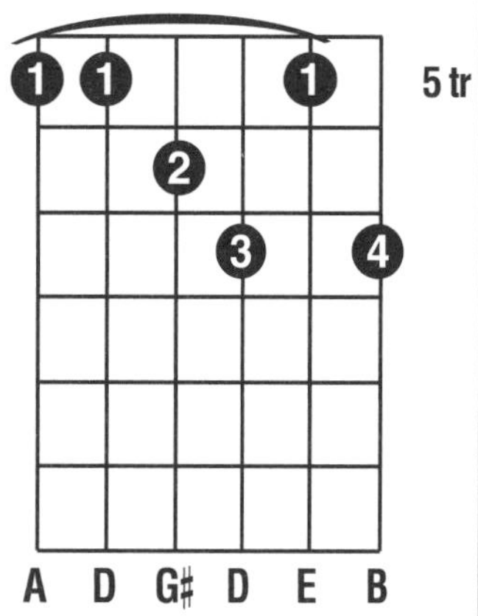

1 1 1 5 tr

A D G# D E B

1 1 1 1 1 7 tr

B E A D G# B

A7♭5

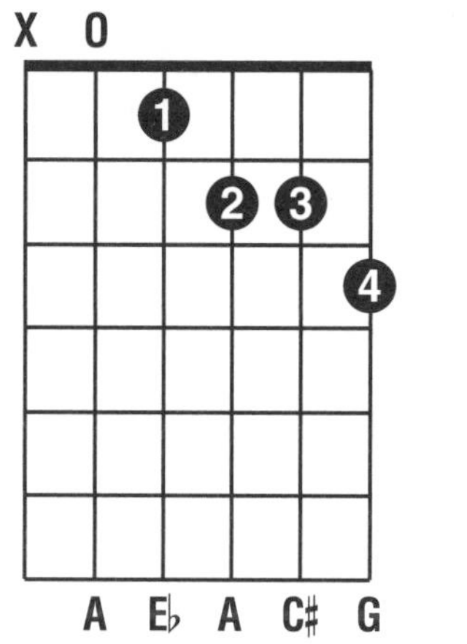

X 0

A E♭ A C# G

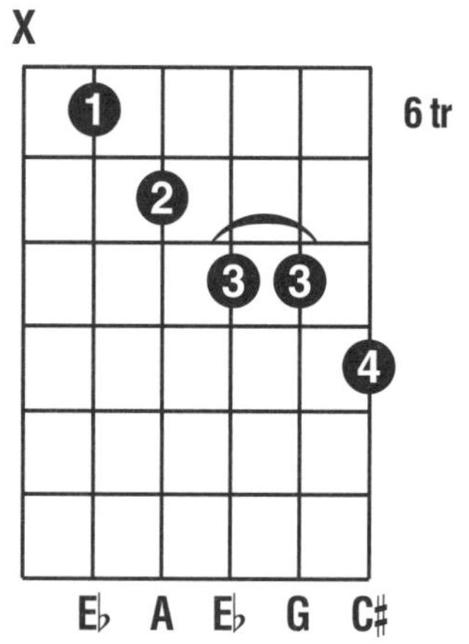

X 6 tr

E♭ A E♭ G C#

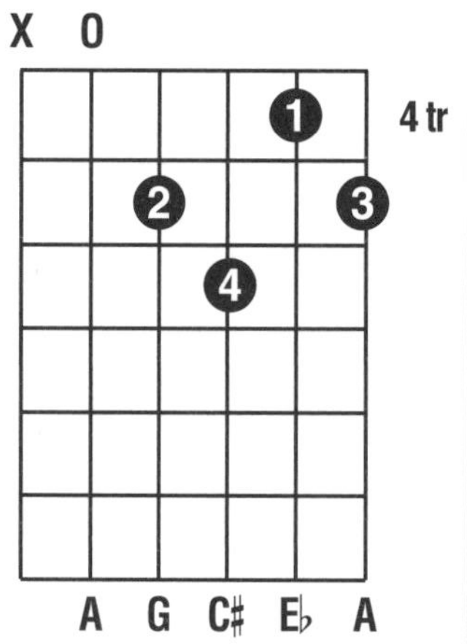

X 0 4 tr

A G C# E♭ A

A7♭9

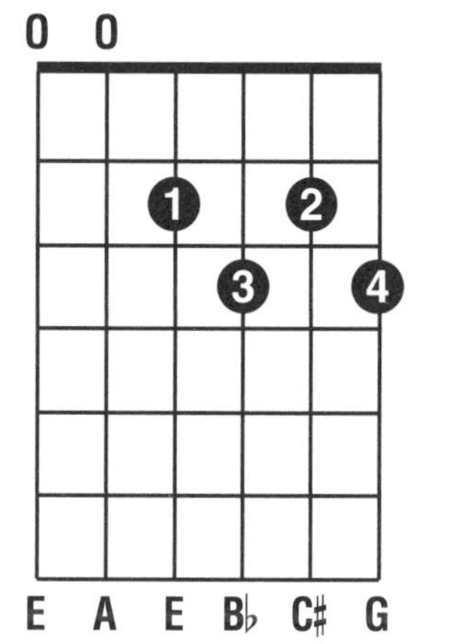

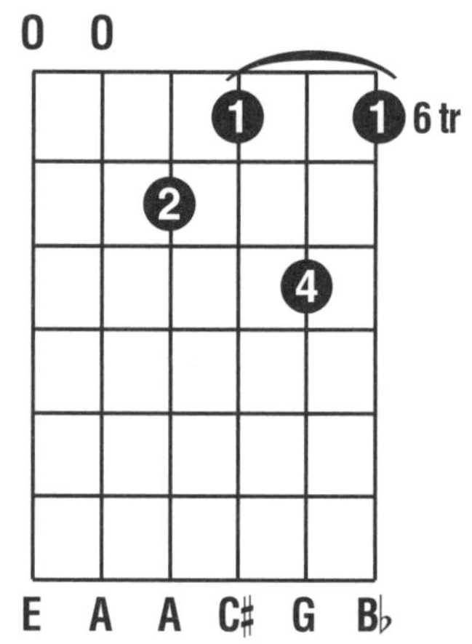

0 0

E A E B♭ C# G

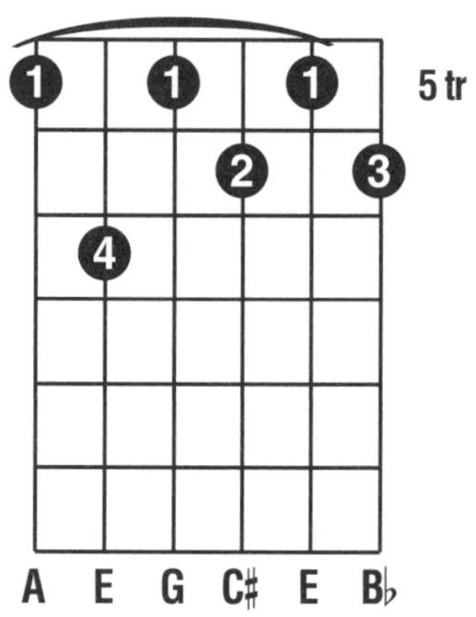

1 1 1 5 tr

A E G C# E B♭

0 0 6 tr

E A A C# G B♭

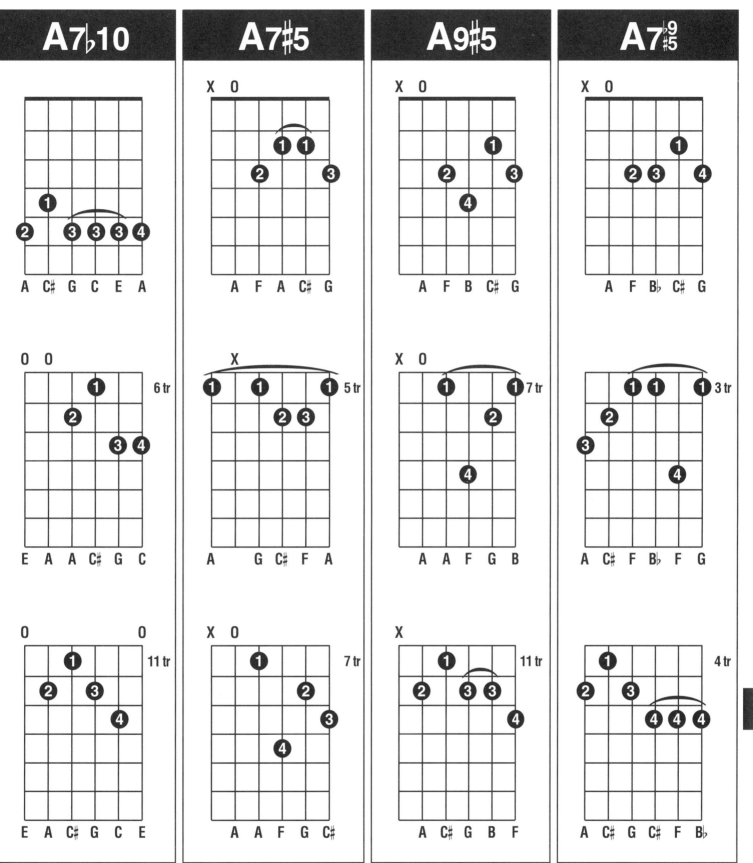

A⁶₉   A°   A♯5   Asus4

A⁶₉

0 0

E A E B C# F#

4 tr

A C# F# B E A

7 tr

C# E A E F# B

A°

X 0

A E♭ A C F#

5 tr

A E♭ A C F# A

X 0 7 tr

A A E♭ F# C

A♯5

X 0

A F A C# F

X 0 6 tr

A A C# F A

X 6 tr

F A C# F C

Asus4

0 0

E A E A D E

5 tr

A E A D E A

0 0 7 tr

E A A E A D

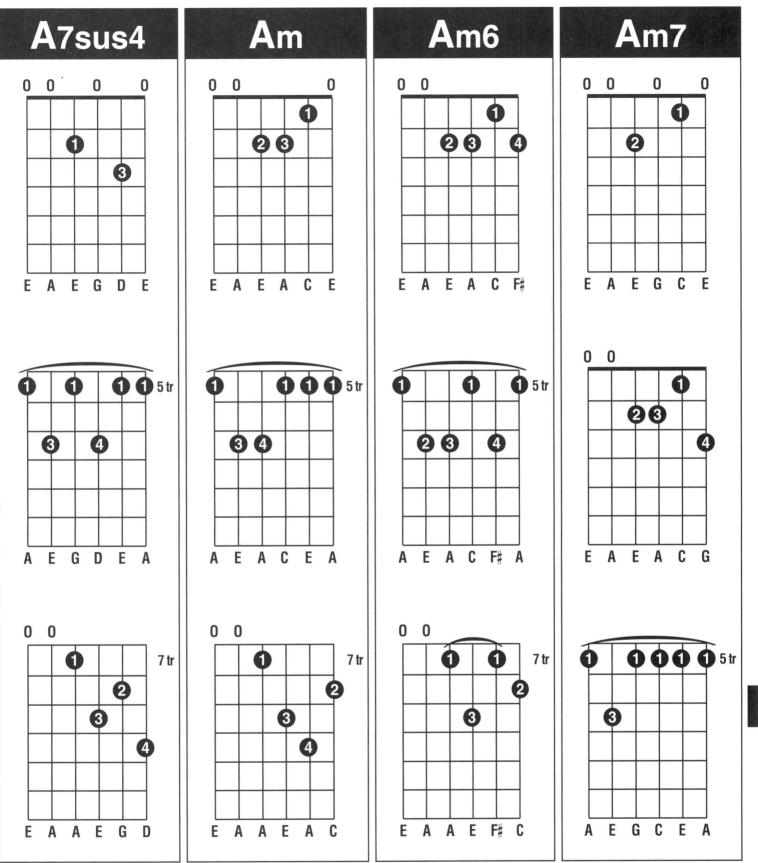

Am9 Am7♭5 Am7♭9 Am♯7

Am9

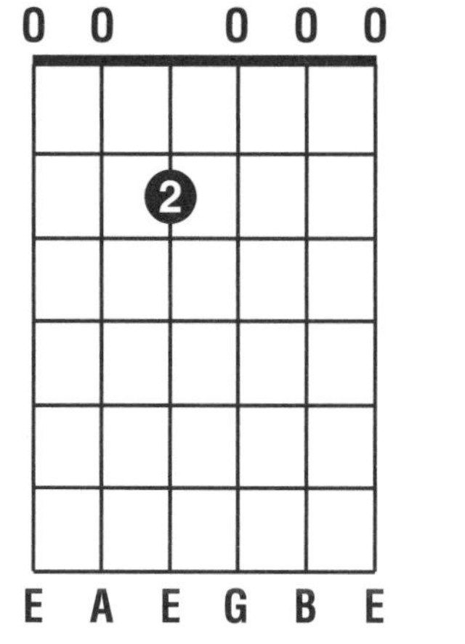

0 0   0 0 0

E A E G B E

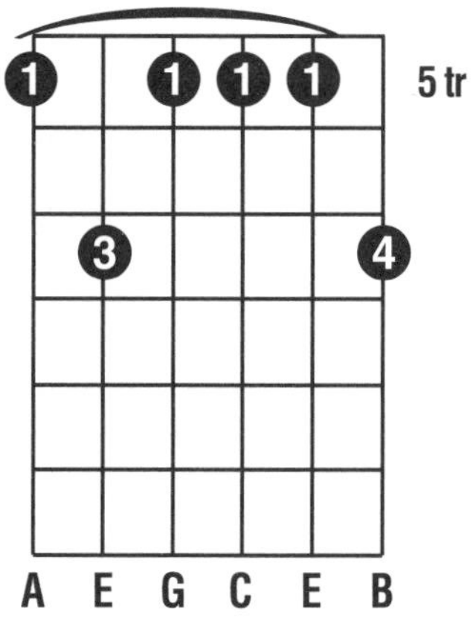

5 tr

A E G C E B

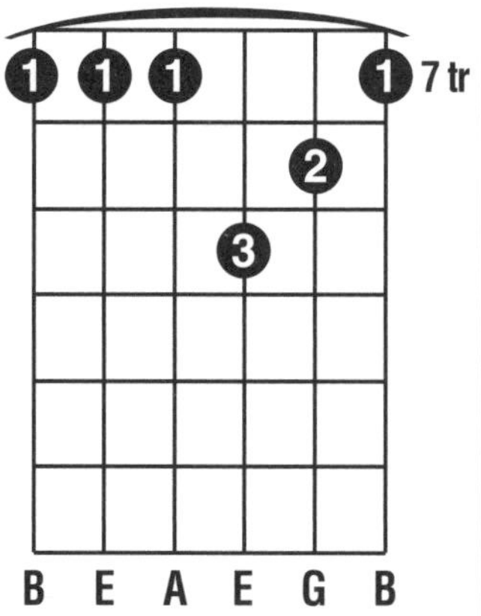

7 tr

B E A E G B

Am7♭5

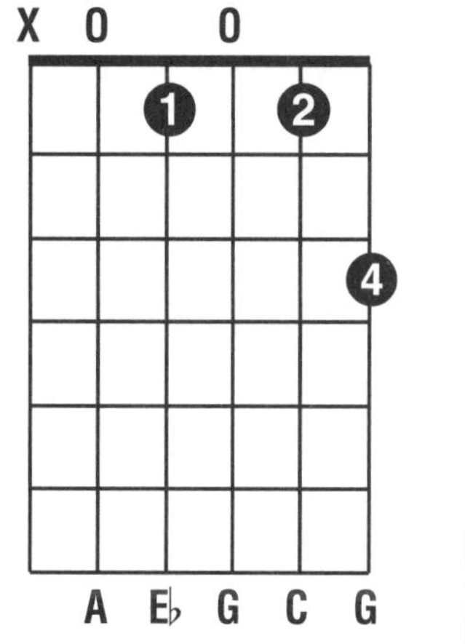

X 0   0

A E♭ G C G

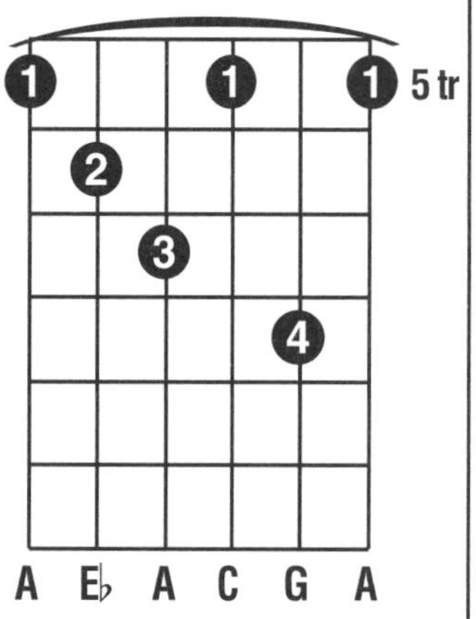

5 tr

A E♭ A C G A

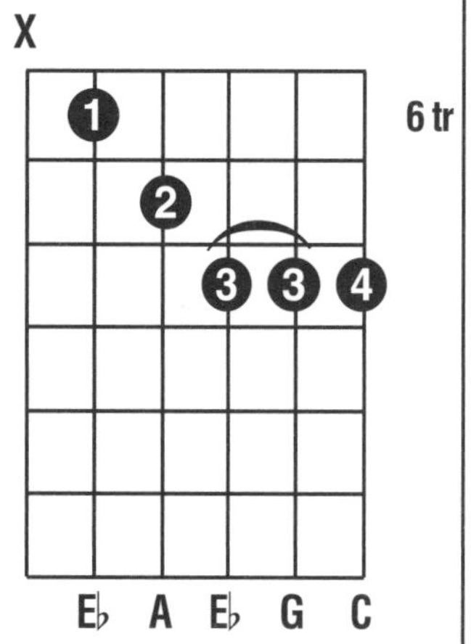

X   6 tr

E♭ A E♭ G C

Am7♭9

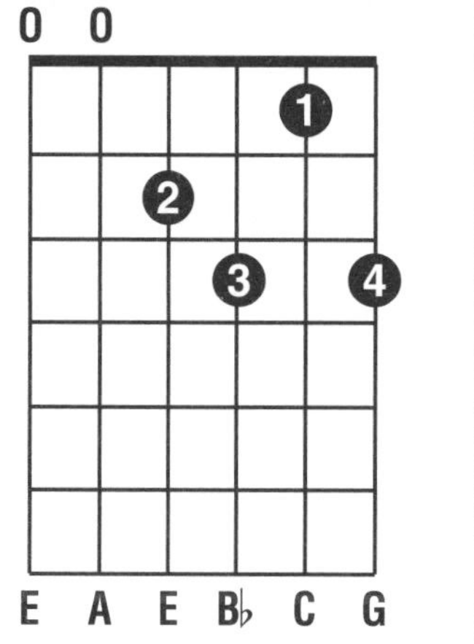

0 0

E A E B♭ C G

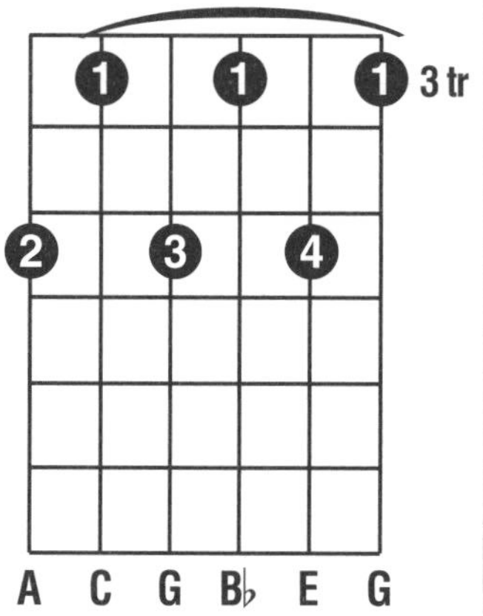

3 tr

A C G B♭ E G

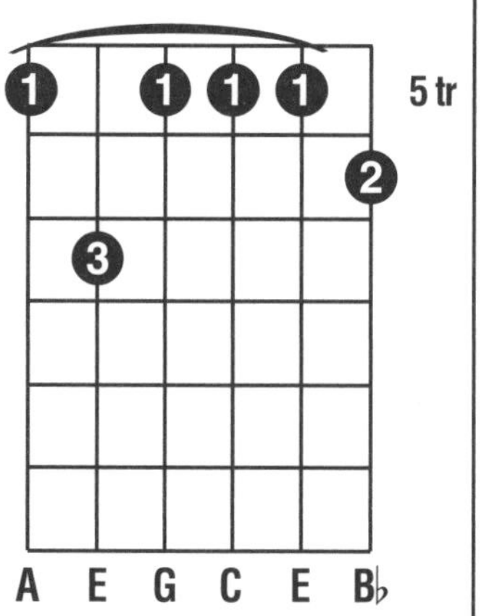

5 tr

A E G C E B♭

Am♯7

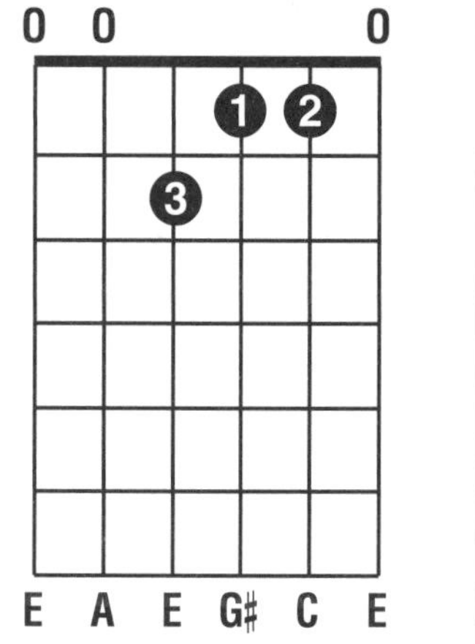

0 0   0

E A E G♯ C E

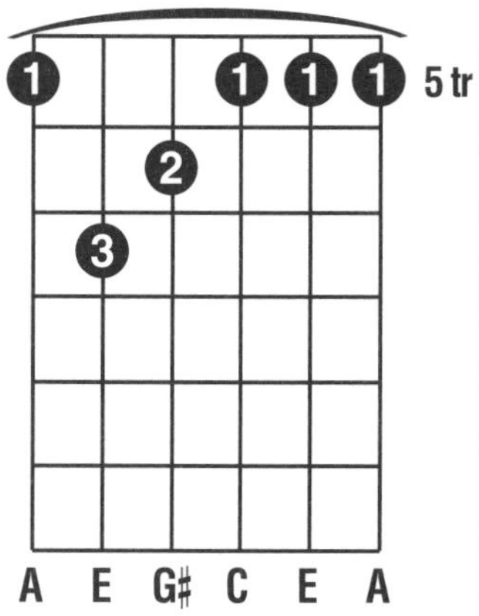

5 tr

A E G♯ C E A

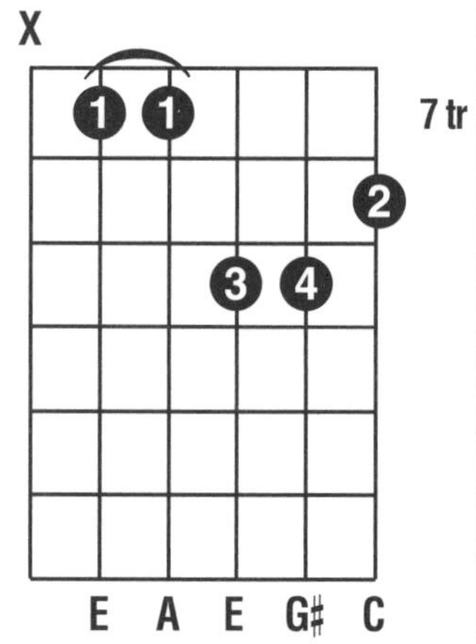

X   7 tr

E A E G♯ C

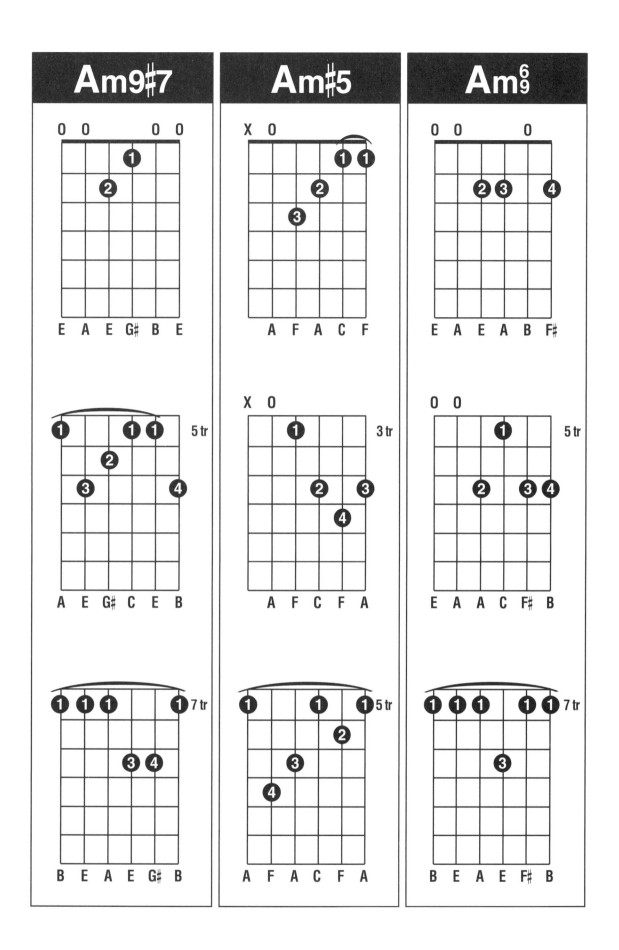

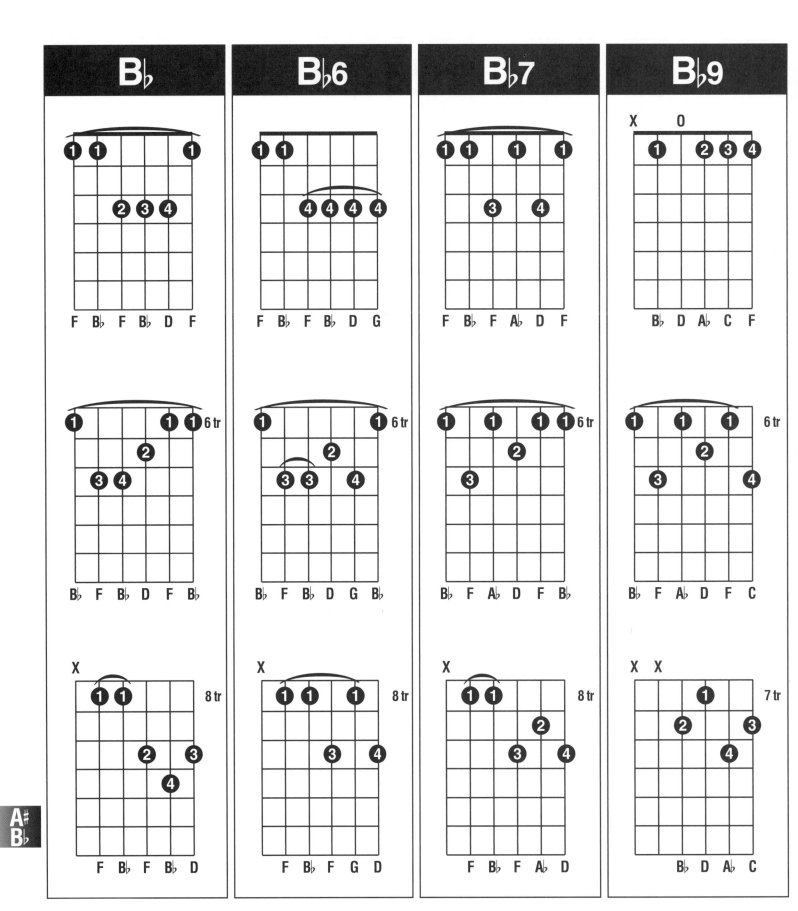

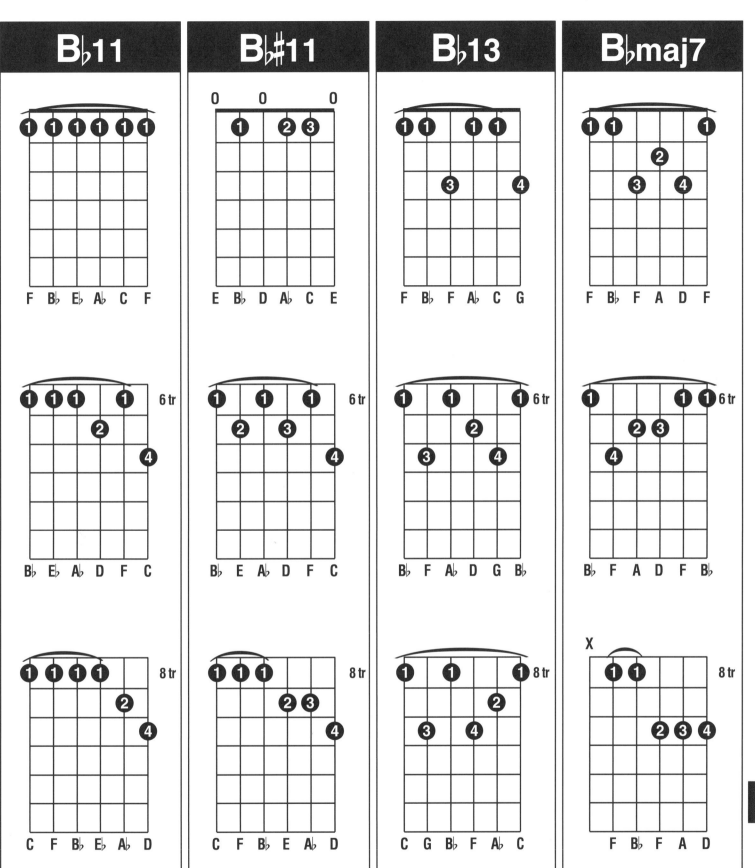

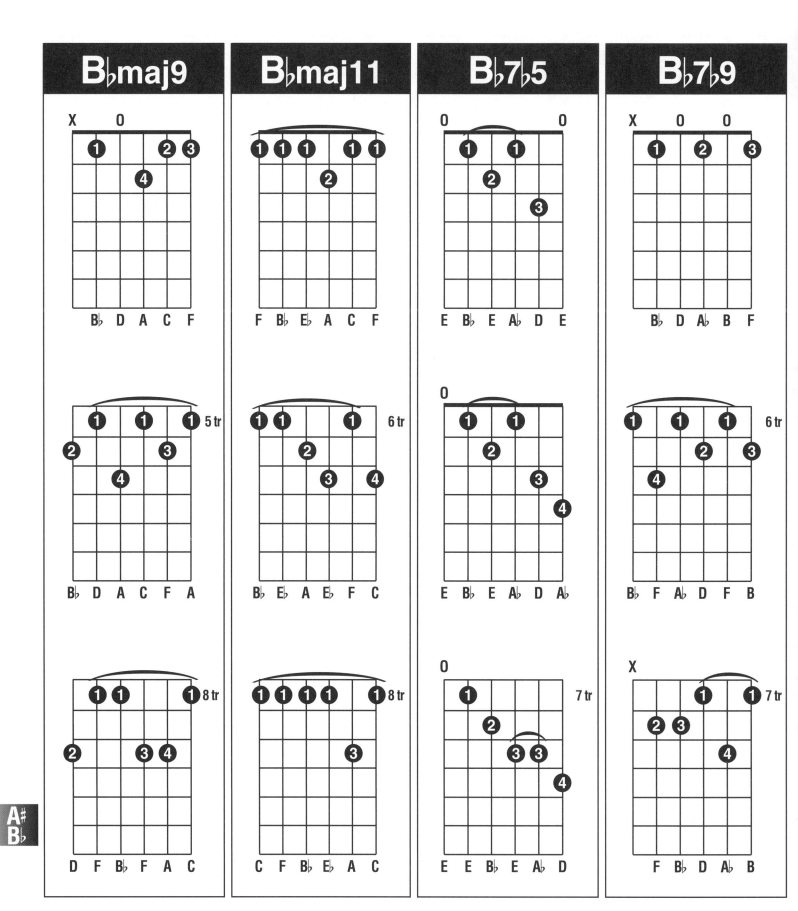

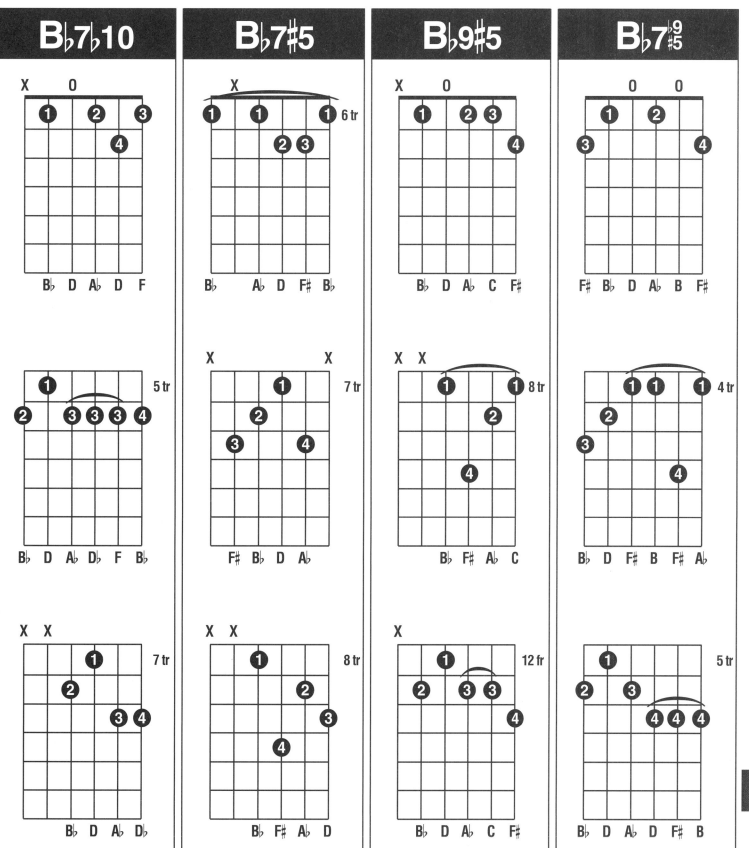

89

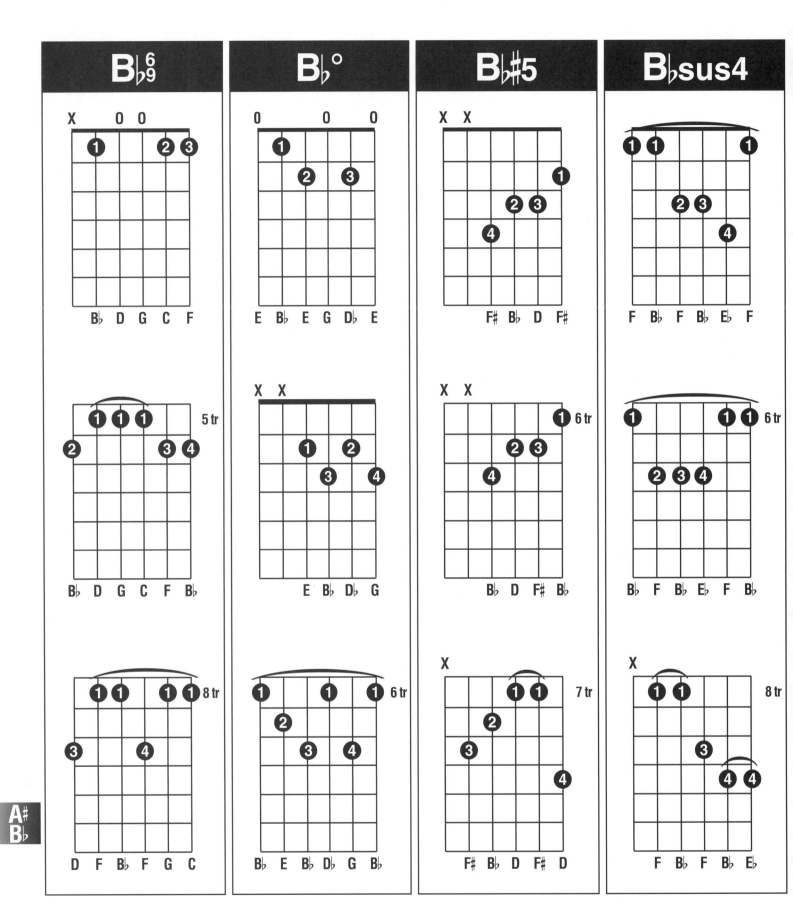

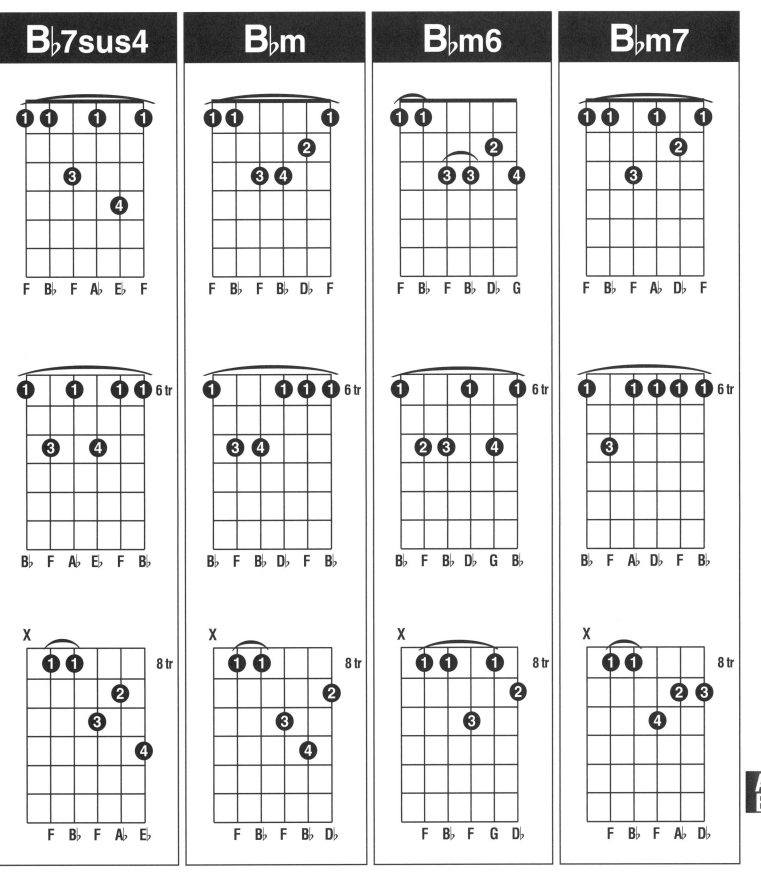

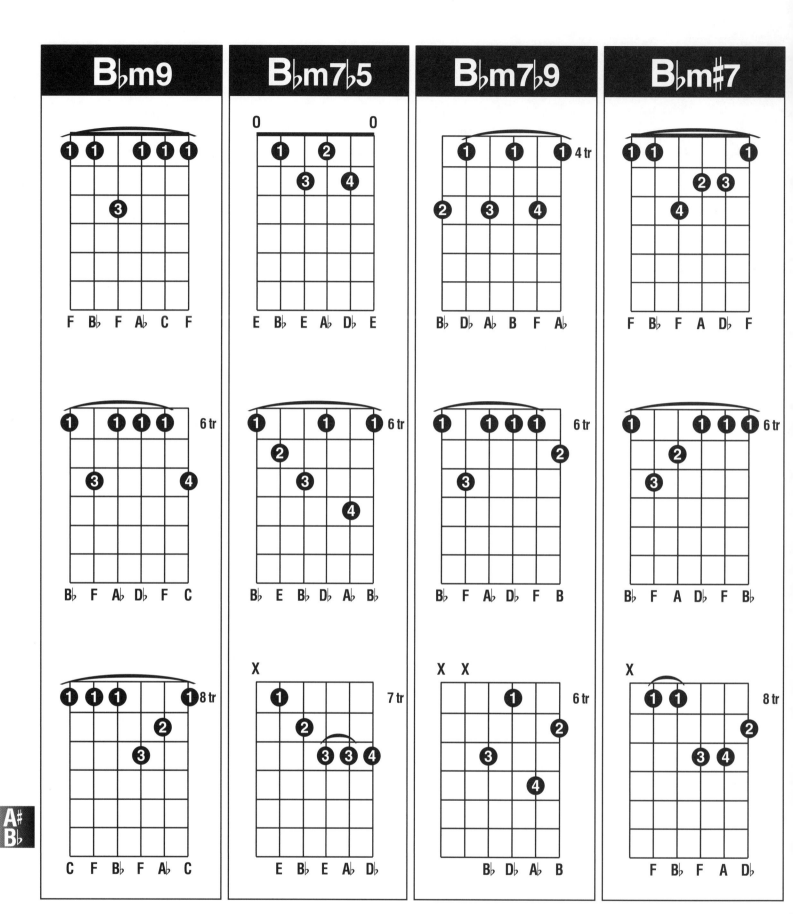

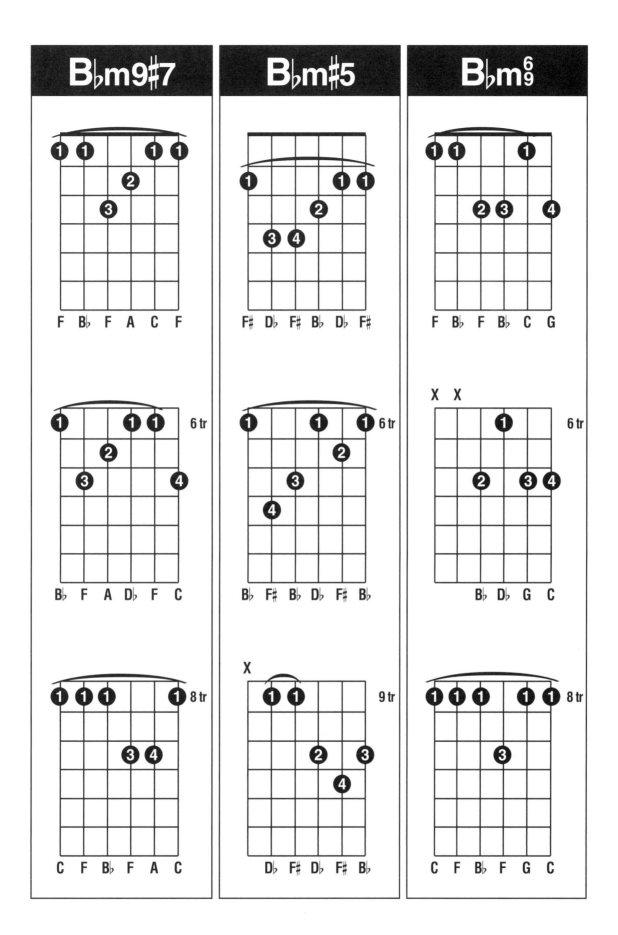

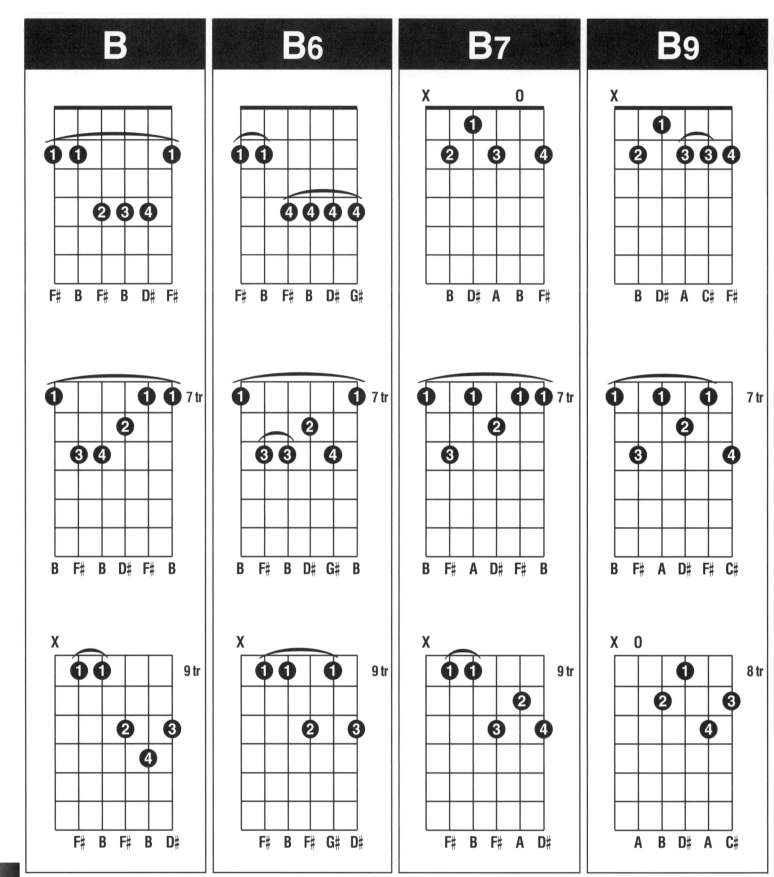

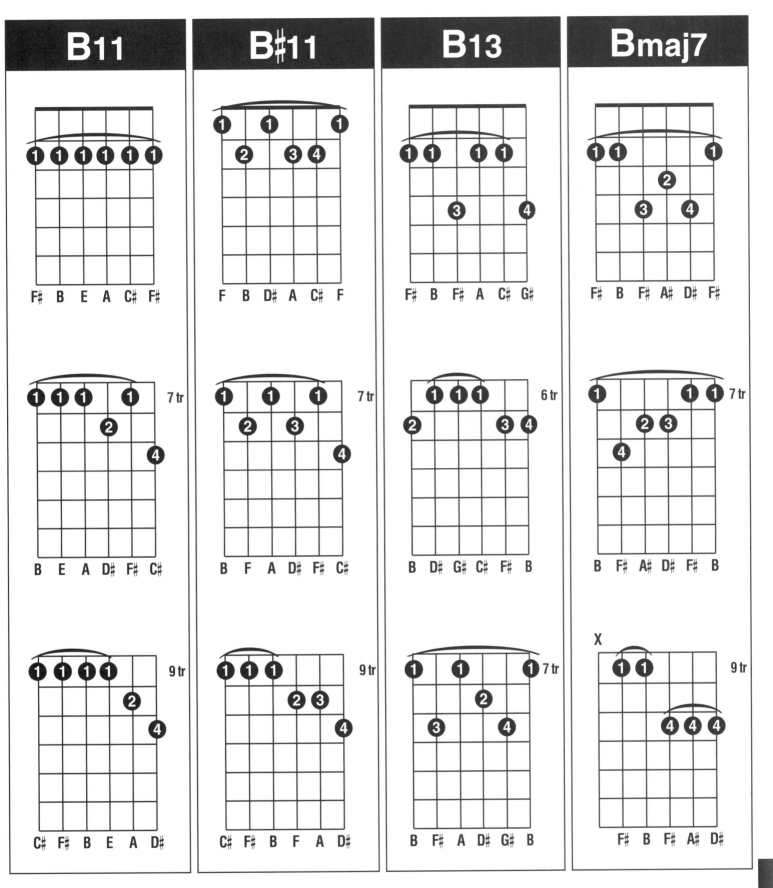

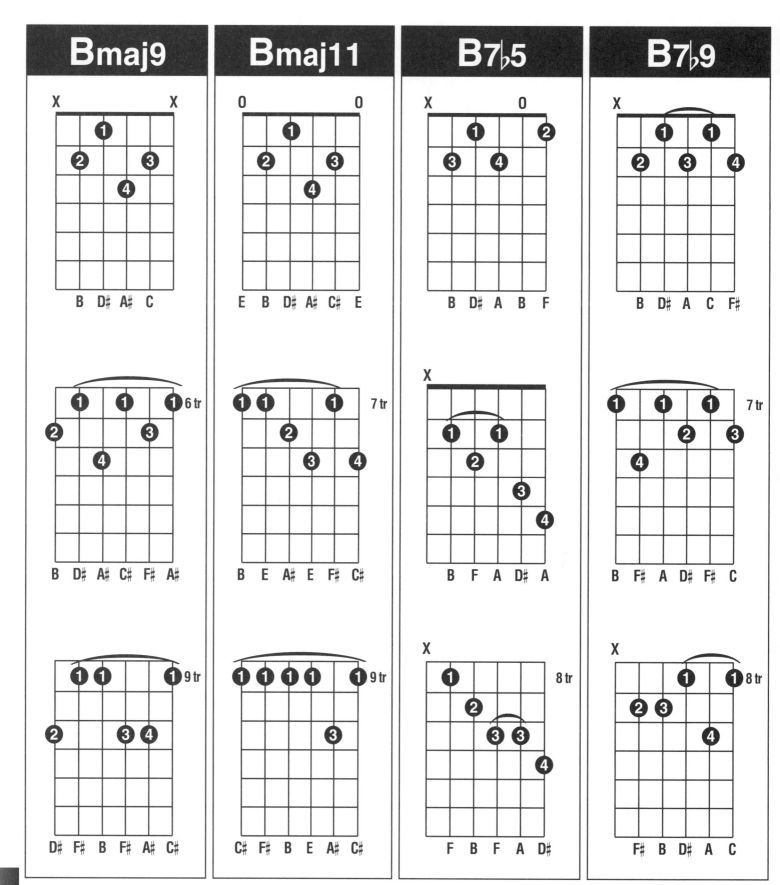

B

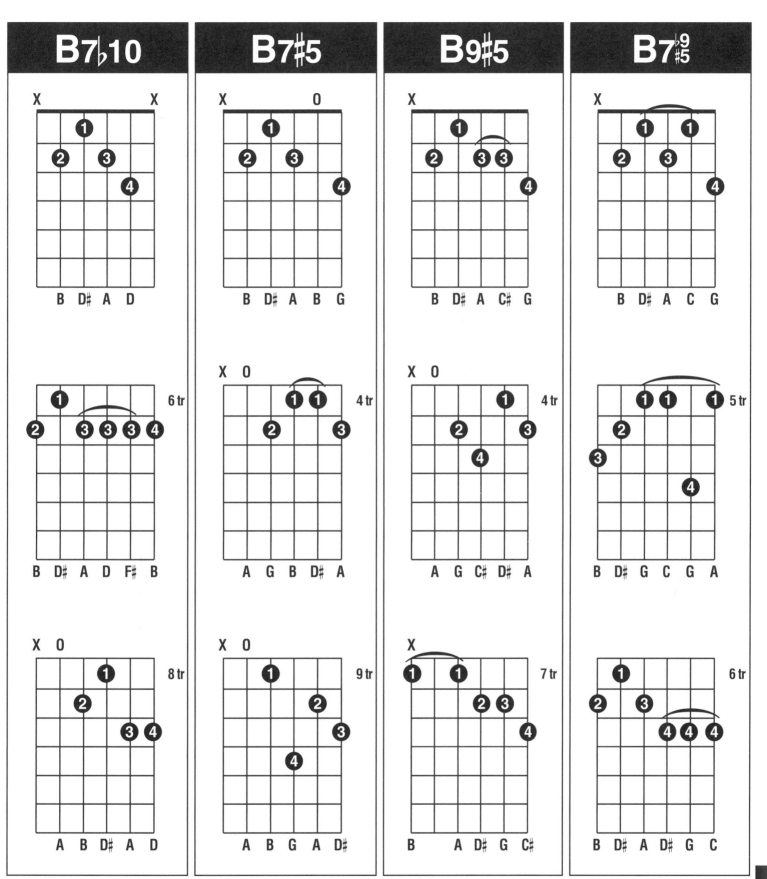

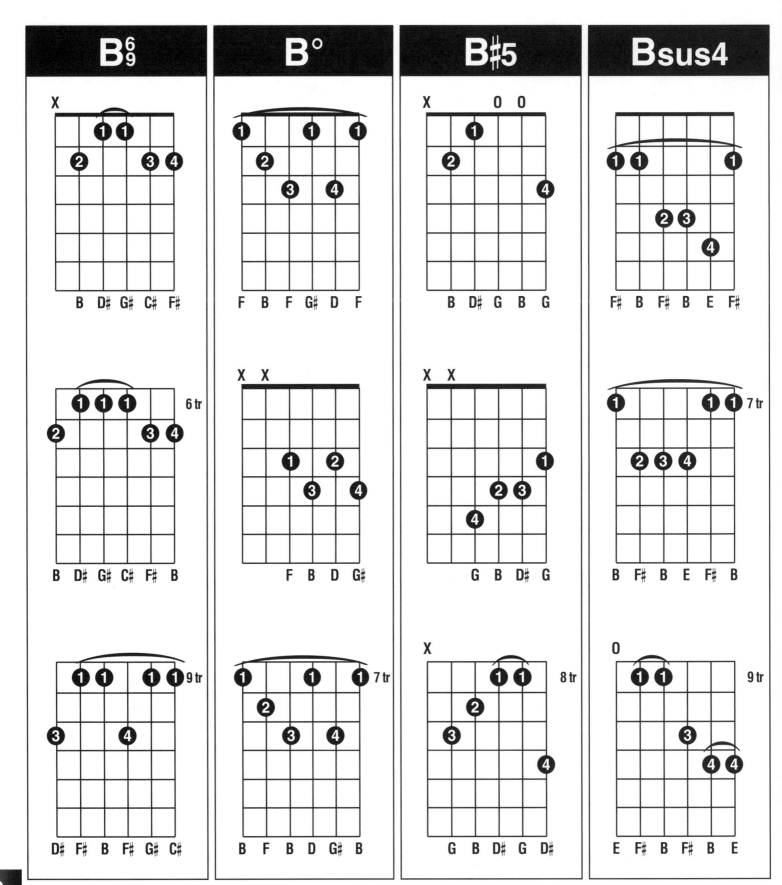

B
98

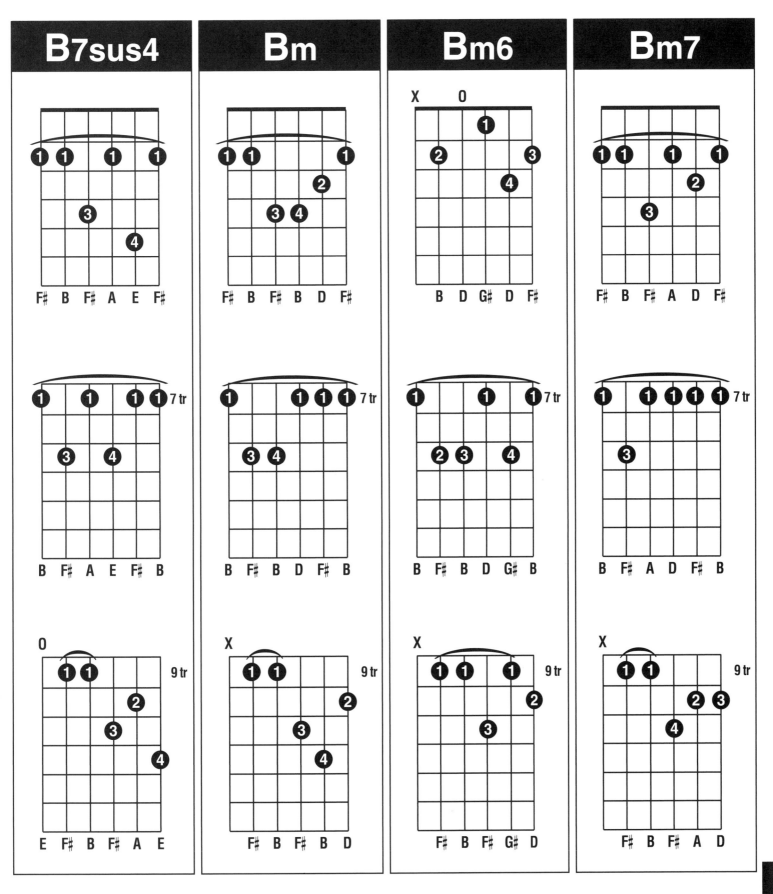

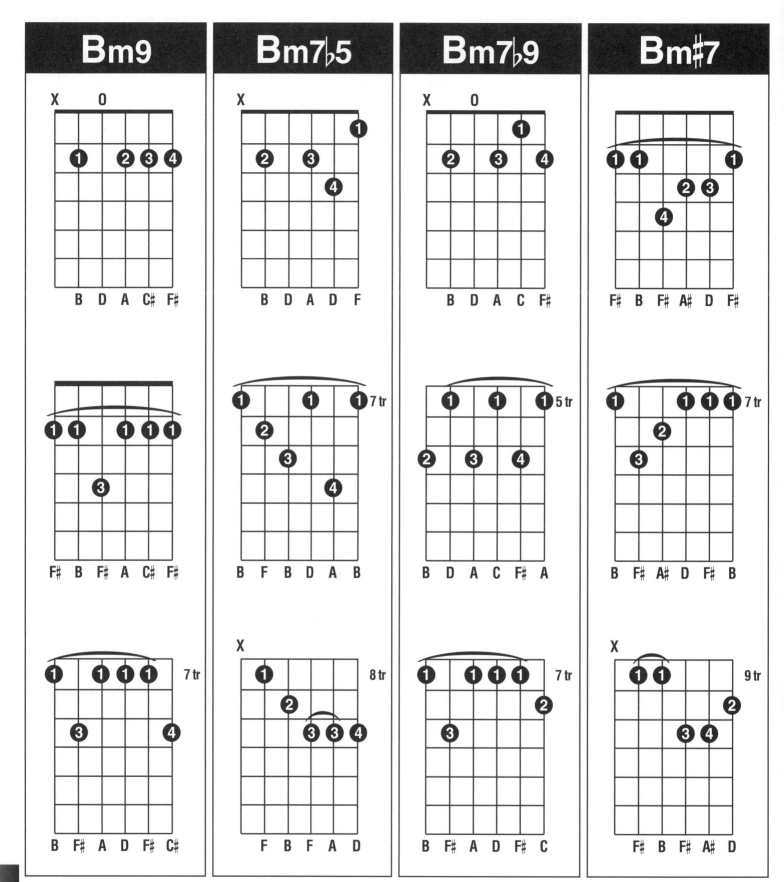

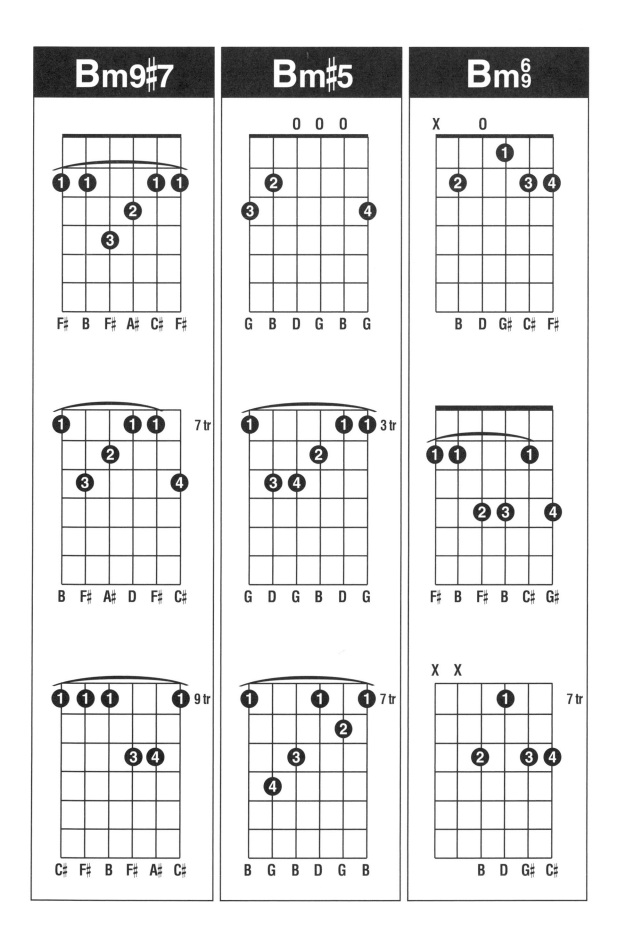